당신의 인생이
바뀌는

NPL 투자의 기술

저자 소개 글

변현수

처음 NPL을 접한 건 투자 때문이 아니라, 사기를 당한 피해자로서였다.
겉보기에 믿을 만했던 투자처였고, '수익 확정'이라는 말에 의심조차 하지 않았다. 하지만 결과는 참담했다.
사기를 계기로 투자 인생이 바뀌었다.
잘못된 정보와 무지로 인해 손해를 본 뒤, 법률·채권·부동산 공부에 매달렸고, 그 결과 'NPL(부실채권)' 분야에서 실전 투자자로 자리 잡게 되었다.
대부법인을 운영하면서 실전 NPL 투자 경험을 쌓았고, 현재도 다양한 NPL 프로젝트를 기획·운영 중이다.
'돈을 잃지 않는 투자'를 핵심으로 NPL 투자 커뮤니티와 유튜브, 강의를 통해 NPL에 대한 실전 노하우를 공유하고 있다.

- 대부법인 대표
- 토지, 재건축, 아파트까지 폭넓은 부동산 투자경험
- 실전 NPL 채권매입 100건 이상
- 수협 채권매각 자문위원
- 유튜브 '역삼동 대부업자'
- 블로그/카페 '이음투자연구소'
- NPL 투자 강의 누적 수강생 500명+
- 부실채권 누적 매입금액 500억원 달성

당신의 인생이
바뀌는

NPL 투자의 기술

변현수

프롤로그

여러분, 안녕하세요. 이 책을 집어 드셨다면 이미 NPL 투자에 대해 어느 정도 관심이 있으신 분일 것입니다. NPL, 즉 부실채권 투자란 무엇이고, 왜 많은 사람들이 이 분야에 뛰어들고 있는지 궁금해하실 거라 생각합니다. 저 역시 처음에는 막연한 호기심으로 시작했지만, 지금은 이 분야에서 상당한 경험과 지식을 쌓게 되었습니다. 이제는 저의 경험을 바탕으로 여러분께 NPL 투자의 세계를 소개하고자 합니다.

제가 처음 NPL을 접했던 것은 2018년입니다. 태어나서 투자라는 것은 한 번도 해보지 않았습니다. 그런데 어느 날 비트코인이라는 것을 접하게 되었습니다. 돈을 버는 것은 단순히 노동으로 그리고 여러 가지 일을 해서 많은 돈을 버는 걸로만 생각했습니다. 실제도 돈을 많이 벌려면 시스템화가 되어서 자동으로 돈을 번다던지 재테크를 해야 하지만 그러한 생각을 전혀 가지고 있지 않았습니다. 비트코인을 해본 사람이라면 누구나 알 것입니다. 당시 비트코인뿐만 아니라 다양한 코인을 접하고 채굴이라는 것도 해봤습니다. 결국에는 비트코인은 투기라는 것을 깨닫고 평소 알고 지내던 동생이랑 재테크에 이야기를 나누다가 '대한민국 부자들은 부동산을 투자한다'라는 이야기를 듣고 당시 내가 가지고 있는 현금으로 살수 있었던 것은 당시 시세가 5억인 서울아파트 구축을 갭투자로 매수를 하려고 했습니다. 당시 1억에서 1억 5000만원정도 필요했는데 저로서는 부동산에 대해 무지하던 시절이었습니다. 지금 생각해보면 지금 그때 아파트를 매수했더라면 어떠했을까 생각하지만 분명히 자산은 올랐을지언정, 지금처럼 NPL을 선택한 것보다 못했을 거라는 생각을 많이 해봅니다.

이후 저는 부산에 있는 부동산경매학원에 등록했고 아파트, 경매, NPL, 토지 등 다양하게 공부를 했습니다. 당시 학원에서 NPL강의를 발견하곤 수강신청을 했습니다. 그때 당시 NPL 왕초보였던 저로서는 수업내용을 제대로 이해했다기보다 얼마를 투자하면 얼마를 준다는 것에 포커스가 맞춰져 있어서, 지금 생각하면 위험했다는 생각을 하게 됩니다. 그래서 당시 NPL강사를 통해서 간접적으로 투자를 시작했습니다. 그 NPL투자는 지금처럼 배당투자, 유입투자 등 정상적인 방식이 아닌, 1억을 투자하면 한달에 얼마의 이자를 준다는 식의 잘못된 투자였습니다. 올바른 NPL투자였다면, 어떠한 물건에 계약을 하고 실제 계약이 이뤄졌는지 알아봐야 했지만 그러한 과정이 전무했습니다. 그저 매달 이자를 꼬박꼬박 받을 수 있으니 정말 좋다고만 생각했습니다. 그러나 그 달콤함은 얼마가지 않았고, 그동안 외면했던 본질적인 문제가 터지고 말았습니다. 당시 학원에서 저처럼 NPL에 지식이 부족한 사람들이 많이 단체로 사기를 당하고 말았던 것입니다. 이후 저는 민·형사 소송을 진행을 했고, 돈을 돌려받기 위해 발 빠르게 움직인 결과 다행히도 투자금을 모두 회수할 수 있었습니다. 그런데 다른 사람들은 대부분 돌려받지 못했습니다. 당시 NPL강사는 구속이 되어 징역형에 처해졌습니다.

이 사건 이후로 많은 것을 생각하게 되었고 또 많은 것을 배울 수 있었습니다. 당시 돈을 찾으려고 NPL 공부를 시작하게 되었고, 그동안 정말 치열하게 현장경험을 쌓아온 것 같습니다. 지금 생각해보면 그때 그 사건이 없었다면 지금 난 무엇을 하고 있을까 생각을 많이 해봅니다. 당시에는 무척 힘들고 고단했지만, 그 결과 지금의 제가 있는 것이니까요. 그 이후로 NPL투자에 본격적으로 뛰어들어 지금까지 수많은 경험을 하고 있습니다. 시작은 미약했지만 돌이켜보면 돈에 대한 사고와 가치관을 깨우쳐 준 계기가 바로 NPL인 것 같습니다. NPL투자를 시작하면서 사업의 규모도 커지고 사업의 확장성도 늘어나면서 나 자신이 많이 발전한 것 같다는 생각이 듭니다. 매월 1억을 번다는 것은 쉽지 않는 일입니다. 일년이면 12억입니다. 다른 일은 제가 잘 모르기에 쉽게 도전을 하지 못하지만 지금 NPL투자를 하고 있는 입장에서는 충분히 가능한 일이라고 생각이 듭니다. NPL 역시 부동산규제처럼 다양한 법으로부터 규제를 받고 있습니다. 대부업법, 개인채무자 보호법 등 기본적인 투자규제에 추가적으로 더 많은 제약을 받고 있기에 난이도가 쉽지만은 않습니다. 그렇지만 그 규제속에서도 충분히 수익을 만들어낼 수 있습니다. 지금 이 글을 읽고 계신 여러분이라면 충분히 가능한 일입니다.

 NPL투자를 시작하면서 우리 꼭 하나만큼은 명심합시다. 투자를 하는 동안 가장 중요한 점은 첫째도 그렇고 둘째도 그렇고 절대 잃지 않는 투자를 해야 한다는 것입니다. 그리고 NPL투자의 핵심은 '배당투자'에 있다는 것입니다. 수많은 경매학원, 유튜브에서 투자에 대해 알려주고 있지만, 정작 투자의 기본원칙은 간과하는 경우가 대부분입니다. 여러분의 성공적인 NPL투자에 있어 이 책이 중요한 지침서가 되었으면 합니다.

 네이버카페 이음투자연구소(https://cafe.naver.com/fms-santa)와 유튜브 '역삼동대부업자' (https://www.youtube.com/@money1money1)에서 NPL투자 일상을 기록하고 있습니다. 이 책을 통해 여러분께서 NPL 투자에 대해 더 깊이 이해하고, 성공적인 투자를 할 수 있기를 바랍니다. 저의 경험과 노하우를 바탕으로 모두가 NPL 투자에서 성공할 수 있도록 최선을 다해 도와드리겠습니다. 자, 이제 NPL 투자의 세계로 함께 떠나봅시다.

CONTENTS

1장 아는 사람은 돈을 버는 NPL

에필로그 · 04

1. NPL, 어렵게 생각할 것 없어요. · 16
- NPL이 뭔가요? · 16
- 은행에서 NPL을 매각하는 이유? · 19

2. NPL, 왜 돈이 되나요? · 24
- 사람들이 NPL에 투자하는 이유? · 24
- NPL 투자와 다른 투자와 비교 · 28
- NPL 투자의 주요 주체 · 30

3. NPL 제대로 알고 갑시다 · 35
- NPL에 관한 오해들 · 35
- NPL 투자 시 주의할 점 · 39

2장 NPL 어디에서 어떻게 살수 있나요?

1. NPL 매각 방식 · 44

- 론세일 방식이란? · 44
- 론세일 방식의 절차 · 46
- 론세일 방식의 특성 · 47
- 채무인수방식(채무자변경계약) · 54
- 사후정산방식(입찰참가이행조건부계약) · 56
- 채무인수 VS 사후정산 · 56
- 채무인수/사후정산 방식 주의사항 · 57
- 채무인수 방식과 사후정산의 장점과 단점 · 58

2. 일반 투자자가 NPL 사는 방법? · 62

- 유동화 전문회사 물건 매입 · 62
- 대부법인을 통한 저당권 매입 · 69
- 대부법인을 통한 간접투자 · 69
- 대부법인을 설립 후 저당권 매입 · 70

3. NPL 어디서 사는 게 좋나요? · 71

- 대형 자산유동화전문회사(유암코, 대신AMC 등) · 71
- 제2금융기관(저축은행, 새마을금고, 신협 등) · 72

3장 NPL 제대로 분석합시다

1. NPL 고르는 법 · 78
- 대법원(법원경매정보)사이트에서 물건 찾기 · 78
- 유료경매사이트에서 물건 찾기 · 79
- 경매물건 하자를 NPL활용해서 매입하기 · 82
- 좋은 NPL 물건 고르는 법 · 84

2. NPL투자 시 유의사항 · 86
- NPL 매입가격보다 낮은 가격에 낙찰될 경우 · 86
- 경매 진행 도중 발생할 수 있는 문제들 · 87
- 저당권자보다 먼저 배당에 참여하는 권리자들 · 87
- 다단계 피라미드를 의심하자 · 90
- 법원의 배당절차 · 91
- 채권 계산서 작성요령 · 96

3. NPL 투자 단계 · 98
- 경매 개시 · 98
- 근저당권 매입 · 99
- 입찰 참여 · 105
- 낙찰완료 · 105

4장 NPL 실전, 반드시 승리하는 법

1. NPL 시장 투자 트렌드 · 110
- 매입경쟁의 치열화 · 111
- 유입투자 증가 · 111
- 자금 동원 부담 완화 · 112
- 양도소득세 절세 · 112

2. NPL 투자 전 기본 세팅 · 113
- 취득 목적 설정 · 113
- 권리분석 · 114
- 투입비 산정 · 115
- 예상낙찰가 파악 · 116

3. NPL 가격협상 전략 · 118
- 수익방식 선택(배당투자, 유입투자) · 118
- 연체율 높은 금융기관 파악 · 119
- 연체이율 파악 · 120
- 선순위배당액 부담주체 확인 · 121

4. 채권 양도·양수 시 주의사항 · 123
- 채권의 양도와 효력 · 123

- 근저당권 양수 시 주의할 점 · 124
- 근저당권 대항요건을 갖추는 법 · 125
- 채무자의 승낙 방식으로 채권을 양수받는 법 · 128
- 채무자 양도통지는 양도인 양수인 둘 중 누가? · 128

5. 질권대출로 레버리지 달성 · 129

- 근저당권부 질권대출의 이해 · 129
- 근저당권부 질권대출의 장점과 유의사항 · 131
- 근저당권부 질권대출은 어디에서 가능하나? · 133
- 근저당권부 질권대출은 왜 중요할까요? · 134

6. 대위변제(대부법인 없이 부실채권투자방법) · 135

- 대위변제란? · 135
- 임의대위와 법정대위의 차이 · 138
- 대위변제의 단점 · 140

7. 금융위원회 등록 대부법인 설립하기 · 142

- 어떤 대부업을 해야 할까요? · 142
- 자본금 제한요건 · 143
- 고정사업장의 조건 · 143
- 대부업 교육이수 조건 · 143
- 겸업금지 사항 · 144

5장 고수가 풀어주는 NPL실전 사례

1. 4300만원 투자해서 1억4400만원 배당 받은 사례 · 147

2. 1타2피, 한 채무자에게
두 건의 임의대위변제로 수익 낸 사례 · 154

3. 론세일 연수익률 695% 달성할 수 있었던 사례 · 166

4. 부실채권투자로 연수익률 319% 다가구 물건 매입한 사례 · 174

5. 1000% 달성한 NPL 실전 투자사례 · 181

부록

1. 채권양수도 계약서 · 190

2. 매각대상채권 명세표 · 195

3. 매각대상채권 담보물명세표 · 195

4. 금융감독원 등록 대부법인 설립절차 · 196

에필로그 · 202

1장 아는 사람은 돈을 버는 NPL

1. NPL, 어렵게 생각할 것 없어요.

- NPL이 뭔가요?

NPL(부실채권)은 금융기관의 여신 중 채무자의 연체로 인해 수익이 발생하지 않는 모든 종류의 여신을 의미합니다. 여기에는 은행 대출뿐만 아니라 카드 대출, 가압류 채권, 개인 회생 채권 등 다양한 형태의 여신이 포함되는데요. NPL은 금융기관의 재무건전성에 큰 영향을 미치며, 이를 적절히 관리하지 않으면 경영에 심각한 위험을 초래할 수 있기에 금융기관에서는 각별히 주의하는 대상입니다. 쉽게 이야기해서 위에서 말한 것뿐만 아니라 일반적인 개인과 개인과의 채권채무관계에서도 채무자가 대여금 상환을 못하는 경우에도 부실채권이라 말합니다.

이러한 NPL은 부실채권, 근저당권부 채권, 무수익 여신, 고정이하 무수익여신으로도 불리게 되니 실무상에서 다 같은 용어로 보시면 될 것 같습니다.

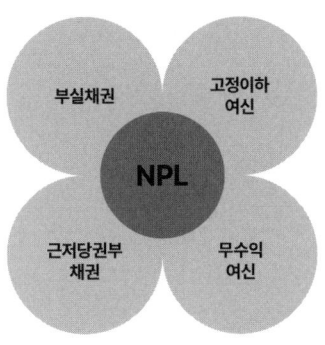

금융기관에서는 차주의 채무상환능력과 금융거래 내역 등을 감안하여 보유자산 등의 건전성을 '정상', '요주의', '고정', '회수의문', '추정손실' 5단계로 분류하고 있습니다.

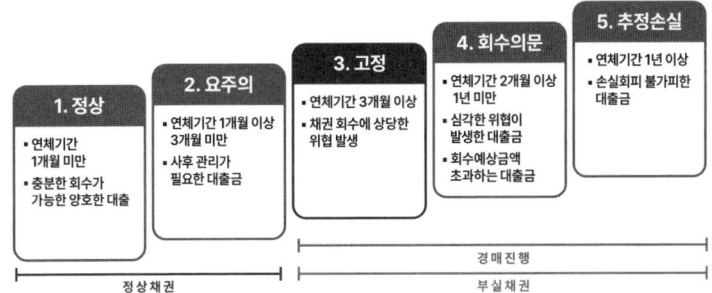

이중에서도 원리금 상환이 3개월 이상 연체된 채권을 NPL(부실채권)이라 부르며, 이 부분이 지금부터 우리가 눈여겨 보아야 할 대목입니다.

위 표와 같이 정상, 요주의, 고정, 회수의문, 추정손실 총 5단계로 분류하고 3개월이상 연체가 되면 고정이하 여신이라고 부르는데 부실의 정도에 따라서 고정, 회수의문, 추정손실로 나눠볼수가 있습니다.

*NPL의 분류

분류	담보부NPL	무담보부NPL
환가성	환가성▲	환가성▼
종류	부동산, 유체동산, 건설중기, 선박, 항공기	카드대금, 통신비, 차용증, 외상값

NPL은 담보유무에 따라 담보부 NPL과, 무담보부 NPL로 나뉘며, 이로 인해 환가성에 차이가 발생합니다.

은행업감독규정 제27조

제27조(자산건전성분류 등) ① 금융기관은 정기적으로 차주의 채무상환능력과 금융거래내용 등을 감안하여 보유자산의 건전성을 "정상", "요주의", "고정", "회수의문", "추정손실"의 5단계로 분류하고, 적정한 수준의 대손충당금(지급보증충당금을 포함한다. 이하 같다)을 적립·유지하여야 한다.

Trend

정부에서는 2016년 「대부업 등의 등록 및 금융이용자 보호에 관한 법률(대부업법)」 개정으로 '금융위원회에 등록된 대부법인'만이 금융기관이 담보를 제공받고 저당권을 설정한 대부채권 투자를 가능하도록 했다

- 은행에서 NPL을 매각하는 이유?

부실채권(NPL, Non-Performing Loan)은 금융기관이 대출한 후 상환이 제대로 이루어지지 않는 채권을 의미합니다. 이러한 부실채권은 금융기관의 재무구조에 부정적인 영향을 미치며, 이를 해결하기 위해 금융기관은 다양한 방법을 모색 하는데 그중 하나가 바로 부실채권을 매각하는 것입니다. 금융기관, 특히 은행들이 NPL을 매각하는 이유에 대해 자세히 살펴보겠습니다.

① 재무구조 개선

은행이 부실채권을 보유하고 있으면 자산 건전성에 악영향을 미칩니다. 부실채권이 많을수록 은행의 부실대출비율이 높아지며, 재무구조를 악화시키는 주요 요인 중 하나가 되는 것입니다. 은행은 자산유동화법에 따라 부실채권을 매각함으로써 부실대출비율을 낮출 수 있는데, 따라서 이를 통해 재무구조를 개선하고 자산 건전성을 높이는 것입니다.

② 자금 조달 효과

은행 입장에서는 부실채권을 보유하고 있는 것보다는 이를 매각하여 현금을 확보하는 것이 더 유리할 수 있습니다. 확보된 현금은 새로운 대출을 위한 자금으로 활용될 수 있으며, 이러한 선순환은 은행의 자금 유동성을 높일 수 있습니다. 특히, 금융기관은 자산 유동화 과정을 통해 자금을 신속하게 조달할 수 있어, 금융 시장에서의 경쟁력을 유지할 수 있습니다.

③ 국제자기자본비율(BIS) 관리

앞서 설명 드린 것처럼 은행에서 부실채권을 많이 보유하고 있으면 국제자기자본비율(BIS)에 부정적인 영향을 미칩니다. BIS 자기자본비율은 자기자본을 총자산(위험가중자산)으로 나눈 값에 100을 곱한 것으로, 은행의 자본 건전성을 평가하는 중요한 지표입니다. 부실채권이 많을수록 위험가중자산이 증가하여 BIS 비율이 낮아지게 됩니다. 이러한 상황이 지속되면 은행의 신용등급을 저하시킬 수 있으며, 자본 조달 비용이 증가하는 등 다양한 문제를 발생합니다. 따라서 부실채권을 매각하여 BIS 비율을 관리하는 것은 매우 중요합니다.

④ 효율적인 자금 회수 방법

은행은 회수 전망이 좋은 담보채권의 경우 직접 경매를 진행하여 회수하려고 하지만, 무담보채권이나 권리관계가 복잡한 경매물건은 직접 회수하기 어렵고 비효율적일 수 있습니다. 이러한 경우 부실채권을 매각하는 것이 더 효율적입니다. NPL 시장을 활용하여 경매가 진행 중인 부동산에 설정된 저당권을 매각하면, 은행은 부실채권을 신속하게 처리하고, 자금을 회수할 수 있습니다.

⑤ NPL 투자 유인

부실채권 매각은 투자자들에게도 매력적인 기회라고 생각합니다. NPL 투자는 크게 저당권 매입을 통해 배당 수익을 누리거나, 저당권이 설정된 부동산의 소유권을 취득하는 방식으로 이루어지는데요. NPL 저당권을 획득한 투자자는 경매물건에 입찰할 때 더욱 유리한 위치를 점하게 되며, 일반적인 경매 낙찰가보다 10% 이상 저렴한 가격으로 매입할 수 있는 장점이 있습니다. 또한, 부동산 투자에 비해 유동성이 높은 점이 투자자들에게 인기가 많은 이유이지 않을까 합니다.

(예시) ABC 은행의 NPL 매각 사례

ABC 은행은 최근 몇 년간 기업과 개인에게 대출을 해왔습니다. 그러나 경기 침체로 인해 일부 대출자들이 대출금을 상환하지 못하게 되었고, 그 결과 ABC 은행은 많은 부실채권을 보유하게 되었습니다. 이러한 상황에서 ABC 은행이 부실채권을 매각하는 이유를 살펴보겠습니다.

1. 재무구조 개선
- ABC 은행은 부실채권을 계속 보유하고 있을 경우, 자산 건전성에 문제가 생길 수 있습니다. 예를 들어, 부실대출비율이 높아지면 은행의 신용도가 낮아지고, 다른 금융기관이나 투자자들로부터의 신뢰를 잃는 악순환이 반복될 수 있습니다. 따라서 ABC 은행은 부실채권을 매각하여 재무구조를 개선하고 자산 건전성을 높이기를 원할 것입니다.

2. 자금 조달 효과
- ABC 은행은 부실채권을 매각하여 현금을 확보할 수 있습니다. 예를 들어, 100억의 부실채권을 70%의 가치로 매각하면 즉시 현금 70억 원을 확보할 수 있습니다. 이 현금은 새로운 대출을 위해 사용될 수 있으며, 이를 통해 은행의 자금 유동성을 높일 수 있습니다.

3. 국제자기자본비율(BIS) 관리
- 부실채권이 많으면 ABC 은행의 BIS 비율이 낮아집니다. 예를 들어, 부실채권이 100억 원이라면 위험가중자산이 증가하여 BIS 비율이 10%에서 8%로 낮아질 수 있으며 신용등급 하락과 자본 조달 비용 증가로 이어질 수 있습니다. 따라서 ABC 은행은 부실채권을 매각하여 BIS 비율을 적정 수준으로 유지하고자 할 것입니다.

4. 효율적인 자금 회수 방법
- ABC 은행은 회수가 어려운 무담보채권이나 권리관계가 복잡한 경매물건을 보유하고 있습니다. 예를 들어, 권리관계가 복잡한 부동산에 대한 경매를 진행하는 대신, NPL 시장을 통해 이를 매각하면 더 신속하고 효율적으로 자금을 회수할 수 있습니다.

5. NPL 투자 유인
- 부실채권 매각은 투자자들에게 매력적인 기회입니다. 예를 들어, 투자자 A는 ABC 은행으로부터 부실채권을 매입하여 저당권을 획득하고, 경매에 참여하여 10% 이상 저렴한 가격으로 부동산을 매입할 수 있으며 이러한 유인은 투자자들에게 높은 수익을 제공할 수 있는 기회가 됩니다.

이해를 돕는 요약노트

금융기관이 부실채권을 매각하는 이유?

① 부실채권을 매각하여 자산 건전성을 높이고 부실대출비율을 낮춰 재무구조를 개선합니다.

② 부실채권 매각을 통해 현금을 확보하여 새로운 대출을 통한 자금 유동성을 높입니다.

③ 부실채권이 많으면 국제자기자본비율(BIS)이 낮아져 신용등급에 악영향을 줄 수 있으므로 이를 매각해 BIS 비율을 유지합니다.

④ 회수가 어려운 부실채권은 매각을 통해 더 효율적으로 자금을 회수 합니다.

2. NPL, 왜 돈이 되나요?

- 사람들이 NPL에 투자하는 이유?

① 높은 안정성

NPL 투자는 대부분 담보부 부실채권에 집중되는 경향이 있습니다. 특히 1순위 저당권에 투자할 경우 채권확보의 안정성이 높아지는데요. 은행이 1순위 저당권자인 NPL 물건은 이미 철저한 권리분석과 하자 점검을 마친 상태에서 대출이 실행되므로, 추가적인 권리분석이 거의 필요 없습니다. 반면, 후순위 저당권이나 개인 저당권 등 고위험 NPL 물건은 보다 신중한 접근이 필요합니다.

② 융자 효과

NPL 투자는 부동산 담보 대출과 유사한 융자 효과를 제공합니다. 투자자는 담보부 채권을 인수함으로써 담보 부동산의 가치와 안정성을 기반으로 한 투자를 할 수 있습니다. 이러한 이유로 일반적인 부동산 투자보다 더 높은 안정성을 제공하며, 은행과 같은 금융기관이 이미 수행한 리스크 관리를 활용할 수 있습니다. NPL을 매입하면서 근저당권부 질권대출을 활용이 가능하며 채무인수방식으로 구입하는 경우에는 NPL매입금액의 20%만 있으면 소액으로도 충분히 NPL투자가 가능합니다. 근저당권부 질권대출에 대해서 추가적으로 이야기를 하자면 금융기관에서는 대출이 10억, 20억, 100억 이상의 대출도 있습니다. 이 글을 읽는 대부분의 사람들은 NPL을 자기자본 100%만 활용해서 매입을 하게 된다면 NPL투자는 하지 못할 것입니다. 그래서 근저당권부 질권대출을 활용하여 저당권을 담보로 대출을 받고 이를 통해 NPL을 매입해 수익을 창출합니다.

③ 빠른 회전율과 높은 수익률

NPL 투자는 타 투자보다 투자기간이 짧습니다. 경매가 진행 중인 물건의 근저당권에 투자하기 때문에 배당금 수령으로 투자금과 수익을 회수하기까지의 기간이 짧습니다. 통상적으로 경매 기간이 1년 내외인데 배당요구종기 이후에 채권을 매입하게 되면 6개월~1년 미만으로 투자금 회수 기간이 다른 부동산 투자에 비해 매우 짧습니다. 따라서 자금 회수 속도가 빠르기 때문에 투자회전율을 높일 수 있으며, 높은 수익률을 기대할 수 있습니다.

④ 투자결정 용이

NPL 투자는 채권 투자대상을 직접 확인한 후 매입 결정을 내릴 수 있는 장점이 있습니다. 투자자는 해당 경매 물건의 경매 과정에 직접 응찰하여 부동산 소유권을 취득할 수 있습니다. 낙찰 받을 가치가 있는 물건이라면 채권최고액이나 실채권 청구액까지 응찰가격을 높여 응찰할 수 있습니다. 즉, 투자자는 경매 당일의 최저매각가격이나 평균 낙찰가율에 얽매이지 않고, 배당에서 회수할 수 있는 '고가 응찰전략'을 펼칠 수 있습니다. 이러한 부분이 야말로 NPL 투자만의 유연한 장점이라 할 수 있겠습니다.

⑤ 상계신청 통한 자금부담 경감

NPL 저당권을 매입하면 배당금을 수령할 권리가 생깁니다. 이후 해당 물건을 입찰하여 낙찰 받게 되면 매각대금을 납부할 의무가 생깁니다. 이 경우, NPL 투자자는 법원에서 배당 받을 금액만큼을 납부하지 않게 해달라고 상계신청할 수 있습니다. 상계 제도를 활용하면 잔금납부의 부담을 줄일 수 있으며, 부실채권을 매입할 때 융자 받은 데 이어 경락잔금대출을 이용하고, 배당받을 금액을 상계신청할 수 있어 자금 부담을 크게 경감할 수 있습니다.

TIP
NPL 매입으로 상계처리를 희망하는 경우, 반드시 최고가매수인이 된 후 매각 허가 결정일로부터 7일 이내에 경매법원에 상계처리를 하겠다는 신고를 해야 합니다.

⑥ 배당소득에 대한 비과세 효과

NPL 투자는 특정한 조건 하에 세금 혜택을 누릴 수 있습니다. 채무인수방식으로 투자해서 발생한 투자 수익금은 비과세 대상이 됩니다. 반면, 대부법인을 통해 론세일 방식으로 투자해서 발생한 수익금은 과세대상이 됩니다. 특히, 부실채권투자로 발생하는 양도차익은 완전 비과세 대상입니다. 일반 부동산의 경우 보유기간 1년 미만 처분으로 발생하는 차익에 대해 현행 세율로 주택의 경우 70% 그 이외에는 50%세율이 적용되지만, NPL 투자는 이러한 세금 부담을 피할 수 있습니다. 경매 낙찰가격은 언제나 낙찰가격을 실거래 가격으로 인정받습니다. 즉, 투자자가 낙찰가격을 기준으로 한 세금 부담을 예측하고 관리할 수 있게 해주는 것입니다.

- NPL 투자와 다른 투자와 비교

아파트 투자	경매투자	재건축, 재개발
Exit 시점 알 수 없음	아파트집중화(높은낙찰가)	부동산하락기 무한정 사업보류
투자대비 수익율 알수없음 (역전세)	수익율악화 (투자금대비 수익율↓)	투자금 높음(낮은전세가)
대중적인투자(=경쟁치열)	단기매도시 고세율 세금	투자기간이 길다
규제정책 (토지거래허가구역, 규제지역)	비아파트(빌라,오페스텔) 매도 힘듬	
법인투자불가(취득세,종부세)		

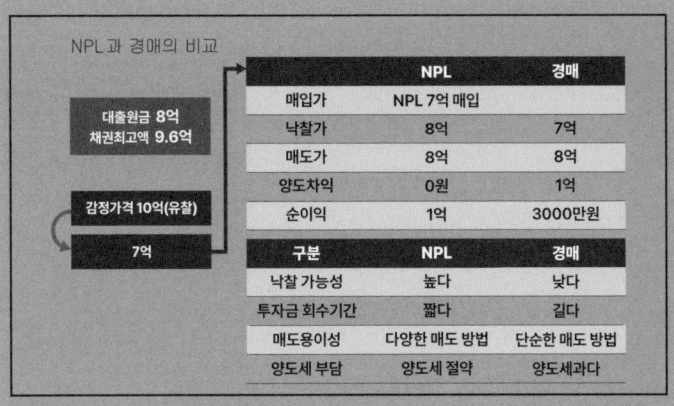

예시를 들어 보겠습니다.

철수는 서울에 A아파트를 입찰하려고 합니다. 대출원금이 8억원이고 채권최고액이 120%로 설정되어 있어 9.6억원인 NPL이 있다고 가정해보겠습니다. 이 부실채권은 감정가 10억원에서 1회 유찰이 되어 7억원까지 금액이 떨어져 있는 상황입니다.

철수는 유동화회사에 전화를 해서 부실채권은 7억원에 매입하고 8억원에 낙찰 받았습니다. 이후 철수는 급매로 8억원에 즉시 팔면서 양도차익은 0원이 되었습니다.

반대로 철수가 경매에 입찰했을 때의 경우를 보겠습니다.

A아파트를 NPL이 아닌 경매로 입찰해서 7억원에 낙찰을 받아서 한달 후에 8억에 매도를 하게 된다면 양도소득세가 70% 발생합니다. 그 결과 세금 부담이 매우 커지는 상황이 발생합니다.

결론적으로 NPL을 통해서 부동산을 매입하면 즉시 매도를 해도 양도소득세가 발생되지 않지만, 경매를 통해서 낙찰받아 매도를 하게 되면, 높은 세금이 부과됩니다.

그래서 NPL이 경매를 이기는 투자방법이라고 하는 것입니다.

> **TIP**
>
> 1. NPL 투자는 경매 절차와 채권 배당 방식에 대한 기본 지식이 필수적입니다.
>
> 2. 부실채권을 사전에 매입하여 경매에서 배당 또는 저렴한 낙찰을 통해 수익을 창출합니다.
>
> 3. 경매에 대한 사전 지식과 채권 배당 방법 등에 관한 학습이 필요합니다.

- NPL 투자의 주요 주체

① NPL 생산자(시중은행)

NPL 생산자인 시중은행은 앞서 소개한 부실채권을 회수하기 위해, 해당 채권의 담보 목적물인 부동산의 저당권을 매각하게 됩니다. 이 과정에서 NPL이 발생되고, 발생된 NPL은 공개 입찰방식으로 유동화전문회사·대부법인·타 금융기관 등에 매각됩니다. 이렇게 매각된 NPL이 또다시 일반 투자자에게 판매하게 되는 것입니다. 우리가 흔히 생각하는 상품의 유통구조를 떠올리면 이해하기 수월합니다.

② NPL 중개자(유동화전문회사, 대부법인, 저축은행, 캐피털 등)

ⅰ 유동화전문회사(AMC, Asset Management Company)

유동화전문회사에서는 금융기관에서 생산한 NPL을 장부가격의 약 85~90% 수준으로 매입하여 직접 채권을 추심하거나 일반 투자자들에게 재매각을 하는 등의 방법으로 수익을 얻습니다.

ⅱ 대부법인

2016년부터 대부업법에 따라 대부채권을 매입하여 추심하기 위해서는 금융위원회에 '대부법인'으로 등록이 되어 있어야 합니다. 대부법인에서는 유동화전문회사 등에서 NPL을 매입한 뒤 경매물건의 소유권을 취득하거나 배당으로 수익을 내거나 일반 투자자들에게 재매각 하는 역할을 합니다.

ⅲ 저축은행, 캐피털 등

저축은행, 캐피털 등은 시중은행에 비해 보유 물건이 적어 자체적인 NPL 대량매각(pool)에 어려움이 있습니다. 따라서 저축은행, 캐피털 등에서는 유동화전문회사나 대부법인을 통해 매각을 하고 있습니다.

③ NPL 소비자(일반 투자자)

NPL 소비자인 일반 투자자는 유동화전문회사 등에서 NPL을 매입하여 해당 경매물건을 낙찰받아 투자 수익을 달성할 수 있습니다. 직접 투자가 부담된다면 대부법인 등에 공동투자 또는 펀드투자 방식으로 참여할 수 있습니다.

(예시) 김 씨의 NPL 투자 사례

1. 높은 안정성
김철수는 역삼은행에서 1순위 저당권이 설정된 부실채권(NPL)을 매입했습니다. 이 채권은 은행이 철저하게 권리분석과 세금체납, 임차여부, 차주에 대한 검증을 마친 뒤 대출을 실행한 것이므로, 김 씨는 추가적인 권리분석 없이도 안전하게 투자할 수 있었습니다.

2. 융자 효과
김 씨는 부동산 담보 대출과 유사한 방식으로 부실채권에 투자했습니다. 김 씨가 인수한 담보부 채권은 채무인수방식으로 구입을 해서 매입금액의 20% 정도만 있으면 계약금과 중도금을 납입할 수 있습니다.

3. 빠른 회전율과 높은 수익률
김 씨는 경매가 진행 중인 물건의 NPL을 매입 후 입찰을 하였으며 낙찰에서 취득 그리고 재매각까지 3개월내에 마칠 수가 있었습니다.
다른 부동산 투자에 비해 매우 짧은 기간이었고, 그 덕분에 높은 수익률을 기대할 수 있었습니다.

4. 투자결정 용이
김 씨는 직접 채권 투자대상을 확인한 후 매입 결정을 내렸습니다. 경매 과정에서 부동산 소유권을 취득할 수 있었고, 낙찰 받을 가치가 있는 물건이라면 채권최고액까지 응찰가격을 높여 응찰할 수 있었습니다.

5. 상계신청 통한 자금부담 경감
김 씨는 낙찰 후 매각대금을 납부할 때 상계 신청을 통해 배당금만큼을 납부하지 않게 했습니다. 이를 통해 김 씨는 잔금납부의 부담을 크게 줄일 수 있었습니다. NPL 투자로 융자를 받은 후 경락잔금 대출을 이용하고, 배당받을 금액을 상계신청하여 자금 부담을 경감할 수 있었습니다.

6. 배당소득에 대한 비과세 효과
김 씨는 채무인수방식으로 NPL에 투자하여 발생한 투자 수익금이 비과세 대상이 되었습니다. 부실채권투자로 발생하는 양도차익은 완전 비과세 대상이었으므로, 일반 부동산 투자에서 발생할 수 있는 세금 부담을 피할 수 있었습니다.

이해를 돕는 요약노트

1. 높은 안정성과 융자 효과
- NPL 투자는 담보부 부실채권에 집중되며, 특히 아파트 1순위 저당권에 투자할 경우 안정성이 높습니다.
- 부동산 담보 대출과 유사한 안정성을 제공하며, 금융기관이 수행한 리스크 관리를 활용할 수 있습니다.

2. 빠른 회전율과 높은 수익률
- NPL 투자는 투자기간이 짧아 빠른 현금흐름을 제공하며, 일반적으로 3~6개월 내에 투자금과 수익을 회수할 수 있습니다.
- 또한 높은 투자회전율과 수익률을 기대할 수 있습니다.

3. 세금 혜택과 상계신청
- NPL 투자로 발생하는 배당소득은 특정 조건 하에 비과세 혜택을 받을 수 있습니다.
- 또한, 상계신청을 통해 잔금 납부의 부담을 줄일 수 있으며, 경락잔금대출을 이용해 자금 부담을 경감할 수 있습니다.

3. NPL 제대로 알고 갑시다

- NPL에 관한 오해들

① NPL은 불법이다?

NPL(부실채권)은 1998년 IMF 시기에 제정된 「자산유동화에 관한 법률」(자산유동화법)에 법적 근거를 두고 있습니다. 자산유동화법은 금융기관 및 기업의 재무구조 건전성을 높이고, ABS(자산유동화증권)에 투자한 투자자를 보호할 목적으로 제정된 법률입니다. 금융기관에서는 NPL을 매각하여 부실대출 비율을 낮춰 재무구조를 개선하고, 투자자 입장에서도 양질의 NPL을 통한 투자의 길이 열리면서 새로운 기회가 만들어지게 된 것입니다.

🌐 대규모 부실채권 발생

> 1997년에 도래한 IMF 외환위기로 인하여
> 국내 금융 산업 전반에 대규모 부실채권이 발생하였으며,
> 이를 신속하게 처리하는 것은 국가경제의 큰 현안이었음

- ☑ 공적 자금을 투입한 부실채권정리기금의 설치를 통한
  자산관리공사(KAMCO)의 부실채권매입을 시작함
- ☑ 연합자산관리주식회사(UAMCO), 대신F&I 등의
  국내투자자와 Lone Star 등 외국계투자자들은 투자금을 회수함
  - 담보부동산을 부실채권 가치평가를 통해 매입한 후 경매를 통한 배당채권 회수
  - 재매각을 통한 채권 회수
  - 채무자 임의변제 회수 등의 방식 혹은 유입채권 회수

🌐 금융회사의 부실채권에 대한 처리

> 우리나라 자산유동화증권(ABS) 시장 초기 형성과정에서의 가장 큰 특징은
> **부실채권을 대상으로 한 ABS 발행**이 주축을 이룬 것임

- ◆ 자산유동화제도
- ☑ 금융회사와 기업의 구조조정을 촉진하고 자금조달을 용이하게 하기 위한
  목적으로 1998년 말 '자산유동화에 관한 법률'이 제정되면서 본격적으로 도입됨

자산유동화에 관한 법률 제정 이전		자산유동화에 관한 법률 제정 이후
일부 기업이 보유하고 있는 부동산을 담보로 자산담보부 사채를 발행하는 수준		기업매출채권과 대출채권 등 유동화 대상자산이 다양화되고 규모 증가

| 금융기관 | → | 정부 | → | 유력 글로벌 금융사 |

부실채권 매입

정부는 금융기관의 구조조정을 지원하기 위해 자산관리공사를 통하여 금융기관의 부실채권을 매입함

부실채권 매각

정부는 론스타(Loan Star), 모건스탠리(Morgan Stanley), 골드만삭스(Goldman Sachs), 도이체방크(Deutsche Bank), 리먼브라더스(Lehman Brothers) 등 유력 글로벌 금융사들에게 매각함

3. NPL 제대로 알고 갑시다

② 대부법인이 아닌 개인 투자자들은 NPL을 구매할 수 없나요?

자산유동화법의 적용을 받는 유동화전문회사들은 대부업법의 적용 대상이 아닙니다. 따라서 유동화전문회사에서 보유 중인 NPL 채권은 개인 투자자들도 펀드를 통해서 수익을 얻거나, 경매물건 입찰을 통해 낙찰받아 투자 수익을 취할 수 있습니다.

③ 금융기관에서도 포기하고 판매하는 부실채권은 위험한 거 아닌가요?

금융기관에서는 부실채권 매각 시 수백 건에서 수천 건씩 대량으로 진행하게 됩니다. 따라서 매각 단위 금액 또한 수백억 원에서 수천억 원에 이르기도 하는 데요. 그러므로 모든 부실채권에 대해 일률적으로 회수 가능성이 낮다고 보기에는 무리가 있습니다. 앞으로 이 책에서 다룰 이야기가 바로 수많은 NPL 중에서 투자가치가 있는 NPL을 찾아내는 방법이 되겠습니다.

- NPL 투자 시 주의할 점

① 저당권 매입의 구조 이해

NPL 투자는 부동산 소유권이 아닌 저당권을 매입하는 것입니다. 경매투자는 부동산 자체의 소유권을 얻지만, NPL 투자는 경매 당한 부동산의 저당권에 투자하는 것이므로, 이 차이를 명확히 이해해야 합니다.

② 저당권 활용 전략

금융기관은 경매 배당을 기다리지 않고 저당권을 유동화회사 또는 대부법인에 매각합니다. NPL 투자자는 NPL 펀드를 통해서 간접적으로 수익을 얻거나, 해당 부동산에 직접 응찰하여 소유권을 취득할 수 있는 전략을 세워야 합니다.

③ 사기 가능성 주의

NPL 투자는 경매 낙찰가보다 10% 이상 저렴하게 매입 가능하고 환금성이 높아 매력적이지만, 그만큼 사기 가능성도 높습니다. 철저한 검토와 신중한 접근이 필요합니다.

이해를 돕는 요약노트

1. NPL의 합법성

- NPL(부실채권)은 1998년 IMF 시기에 제정된 자산유동화법에 근거하여 합법적으로 거래됩니다.
- 금융기관은 NPL을 매각하여 재무구조를 개선하고, 투자자들은 양질의 NPL에 투자할 수 있습니다.

2. 개인 투자자의 NPL 구매 가능

- 유동화전문회사의 NPL 채권은 대부업법의 적용을 받지 않아서, 개인 투자자도 이를 매입하여 경매 낙찰을 통해 수익을 얻을 수 있습니다.

3. NPL 투자 주의사항

- NPL 투자는 부동산 소유권이 아닌 저당권을 매입하는 것이므로, 이를 명확히 이해하고 전략적으로 접근해야 합니다.
- 또한, 사기 가능성이 있으므로 철저한 검토와 신중한 접근이 필요합니다.

핵심만 짚는 OX 퀴즈

1. NPL(부실채권)은 상환이 제대로 이루어지지 않는 모든 종류의 여신을 의미한다. [ ]

2. 부실채권은 은행의 부실대출비율을 낮추기 위해 매각된다. [ ]

3. NPL 투자는 대부분 무담보 부실채권에 집중된다. [ ]

4. NPL 투자는 일반적인 부동산 투자보다 투자기간이 짧다. [ ]

5. 유동화전문회사는 대부법인의 등록 없이도 NPL을 매입하고 재매각할 수 있다. [ ]

6. NPL 투자로 발생한 양도차익은 과세 대상이 된다. [ ]

7. NPL 매입자는 경매에서 배당받을금액만큼을 납부하지 않게 해달라고 상계 신청할 수 있다. [ ]

8. 일반 투자자는 유동화전문회사에서 보유 중인 NPL 채권을 매입할 수 없다. [ ]

9. 금융기관에서 매각하는 모든 부실채권은 회수 가능성이 낮다. [ ]

10. NPL 투자는 저당권을 매입하는 것이므로 부동산 자체의 소유권을 얻는 것과는 다르다. [ ]

정답: O / O / X / O / O / X / O / X / X / O

2장 NPL 어디에서 어떻게 사나요?

1. NPL 매각 방식

론세일(Loan Sale) 방식

- 론세일 방식이란?

론세일방식은 부실채권의 양도양수에 의한 매입방식입니다. 부실채권을 100% 지급하고 매입하는 방식인데, 보통 론세일계약 이후 한 달 후에 잔금을 지급하여 근저당권은 양도인에서 양수인으로 이전등기하고 채권양도를 통지하는 방법입니다. 저당권을 이전함에 있어 채무자의 여신거래약정서상 동일한 조건으로 채권자의 지위를 승계하는 것을 말합니다. 개인은 매입이 불가능하며 금융위원회에 등록된 대부채권매입추심업 대부법인만 채권매입이 가능합니다.

① **유입 투자**

론세일방식으로 채권매입 후 직접 또는 제3자의 명의로 낙찰받아 부동산 소유권을 취득하는 방법입니다. 채권최고액 금액 내에서 입찰가를 쓸 수 있으며 부동산을 유입하여 양도차익을 많이 남길 수 있는 물건에는 근저당권으로 상계 처리하는 부분만큼 취득으로 보게 되어 양도소득세를 내지 않아도 되는 이점이 있습니다.

② **배당 투자**

배당투자는 NPL투자의 꽃이라고 말하고 싶습니다. 제가 NPL투자를 하면서 가장 매력적으로 느낀 투자입니다. 경매를 거쳐 명도를 하지 않고 낙찰이후 부동산을 매도해야하는 스트레스를 덜 수가 있습니다. 부동산 매수는 쉽지만 매도는 오직 신만이 알 수 있습니다. 그만큼 매도가 쉽지 않습니다. 배당투자는 부실채권을 매입을 해서 제3자가 낙찰이 되면 배당을 통해 엑시트가 가능합니다. NPL 매입가격보다 경매 낙찰금액이 높다는 전제조건이 있어야 성립됩니다. 대부분 론세일이 가능한 부실채권은 채권회수가 어렵기 때문에 원금할인을 통해서 부실채권을 매각합니다. 배당투자시 제3자가 매입한 채권금액보다 높게 낙찰이 된다면 손실없이 배당으로 엑시트가 가능하겠지만 매입한 부실채권 매입금액이 최저입찰금액보다 낮다면 방어입찰을 해야 될수도 있습니다.

	론세일방식	채무인수방식	사후정산방식
배당투자	O	X	X
유입투자	O	O	O

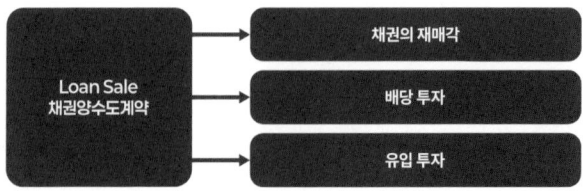

채권양수도계약이후 수익화 3가지방법
매각 - 계약한 NPL채권을 재매각(거의 사용되지 않음)
배당 - 해당부동산이 제3자에게 매각
유입 - 양수인이 해당부동산을 직접 낙찰 권리행사금액(원금+이자+부대비용)에 매입

- 론세일 방식의 절차

부실채권을 원리금 기준으로 양도인과 양수인 간의 협상을 통해 할인가로 매입하고 그 대금을 지급(현금 및 질권대출)합니다. 이후 경매에 참여하여 배당을 받거나 직접 낙찰을

통해 이를 매각하여 채권을 회수(수익을 실현)합니다. 계약 이행이 완료되면 등기부 상의 근저당권 명의를 양수인 앞으로 이전합니다. 저당권에 속한 모든 권리는 NPL 투자자에게 넘어갑니다. 근저당권 이전 비용은 양수인이 부담하며, 채권최고액 기준으로 약 0.4~0.6%의 비용이 소요됩니다.

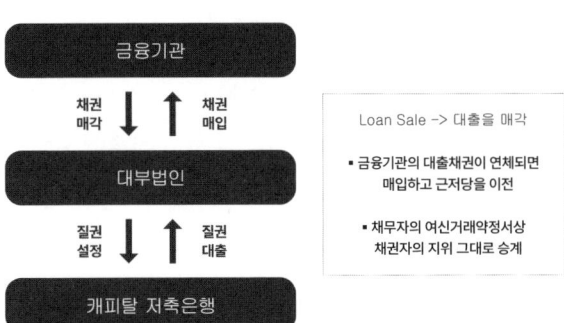

Loan Sale 흐름도

- 론세일 방식의 특성

매입한 저당권을 담보로 75%~90%를 질권설정하고 채권의 할인매입으로 경매 입찰 시 다른 입찰자에 비해 응찰가의 산정에 있어 매우 유리한 입장에 놓이게 됩니다. UP 계약과 같은 원리로 인해 대출 시 유리한 면과 양도 시 양도차익에 대한 세금 절감 효과가 있습니다. 부실채권 소유자가 경매에 직접 참가하여 자신의 명의로 낙찰받고 근저당권으로 상계 처리하여 잔금을 납부하는 방법입니다. 평균 이상의 낙찰가율로 응찰할 수 있어서 낙찰받을 가능성이 높으며, 다수의 유찰로 인해 채권회수가 불리할 때 공격적인 입찰 전략으로 활용될 수 있습니다.

다만 론세일 방식으로 매각되는 부실채권은 흔히 악성일 수 있습니다. 경매로 원금과 이자를 모두 받을 수 있는 우량 부실채권이라면 저당권자가 굳이 매각할 이유가 없기 때문입니다. 론세일 방식은 배당투자로 투자하는 경우에는 수익을 달성하기 어렵고, 유입투자로 소유권 투자하는 경우에만 수익 실현이 가능합니다.

TIP

일반적으로 부동산 경매에서 아파트를 시세보다 저렴하게 구매하기는 쉽지 않습니다. 이러한 경쟁 속에서 론세일을 통해 채권을 매입한 후 직접 낙찰을 받으면 시세보다 저렴하게 낙찰받을 수 있으며 수익 실현도 가능합니다.

채권 매입자가 직접 낙찰을 받는 경우, 채권 매입자는 입찰가액 산정 시 채권 최고액까지 입찰가액을 쓸 수 있으나, 실제 배당금이 얼마가 될 것인지 미리 배당표를 작성해 보고 여의치 않을 경우 선순위로 빠져나가는 경매비용, 임금채권, 소액임차인, 당해세 등을 감안하여 써야 합니다. 부실채권이 충분하고 낙찰 받은 후 재매각을 고려한다면 추후 매각으로 인한 양도차액을 생각하여 채권액이 허용하는 최고까지 입찰금액을 정하는 것이 권장됩니다.

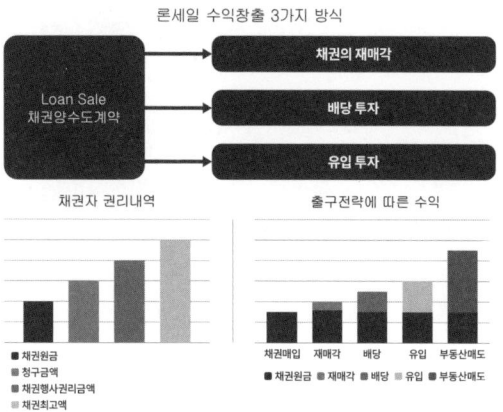

- 론세일 방식의 주체는?

론세일 매입은 대부업법 개정에 따라 금융위원회에 등록된 대부업체만이 가능한 투자방식입니다. 부실채권을 원리금 기준으로 할인가로 매입하는 방법으로, 할인금액은 협의에 의해 결정됩니다. 담보부 부실채권의 경우 담보력의 크기에 따라 할인폭이 결정됩니다. 계약방식은 보통 계약금과 잔금 납부 방식으로 진행됩니다. 일반적으로 계약 체결 시 계약금 10%를 납부하고, 통상 계약일 기준 한 달 후에 잔금 90%를 납부하게 됩니다. 이때 잔금 75%~90%는 질권 대출을 활용하여 납부할 수 있습니다. 모든 계약 사항은 양도인에 따라 계약금 및 잔금 납부 일자를 협의할 수 있습니다.

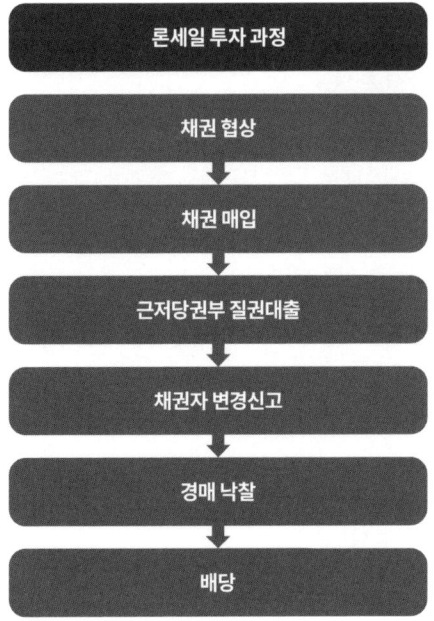

(예시) 론세일 방식

역삼대부법인은 부동산 투자에 관심이 많아 NPL투자를 고려하고 있습니다. 역삼대부법인은 신협에서 저당권이 설정된 아파트를 부실채권을 론세일 방식으로 매입하기로 결정했습니다.

1. 론세일 방식

역삼대부법인은 신협과의 협상을 통해 원리금 기준으로 할인된 가격에 NPL을 매입합니다. 예를 들어, 원금 8억 미회수 원리금이 9억원인 채권을 역삼대부법인은 6억원에 매입할 수 있었습니다. 이로 인해 역삼대부법인은 신협의 저당권자 지위를 양도받아 부동산의 저당권이 역삼대부법인 명의로 이전됩니다.

2. 유입 방법

경매가 진행이 되어 경매에서 역삼대부법인은 직접 입찰에 참여하여 아파트를 낙찰 받으려고 합니다. 만약 감정가가 10억인데 1회 유찰이 되어 최저가가 8억입니다. 역삼대부법인은 9억에 입찰가격을 적고 최고가 매수인이 되었습니다. 실제로는 9억에 입찰을 했지만 실제로는 6억에 부실채권을 매입했기 때문에 표면상으로는 9억원에 낙찰 받아 소유권을 취득할 수 있습니다. 9억에 낙찰이후 바로 9억에 매도를 하게 되더라도 3억원의 시세차익이 발생이 되었지만 양도소득세가 발생이 되지 않았습니다.

3. 배당 방법

역삼대부법인은 경매 절차에서 낙찰 받지 않고 배당을 받는 방법도 고려할 수 있습니다. 예를 들어, 경매에서 아파트가 9억에 낙찰된다면 역삼대부법인은 낙찰금액에서 경매 비용 및 선순위 채권 등을 공제한 후 남은 금액을 배당 받습니다. 이 경우 역삼대부법인은 배당금액이 NPL 매입가격 6억보다 높다면 수익을 실현할 수 있습니다.

4. 론세일 방식의 절차

역삼대부법인은 부실채권을 매입한 후 경매에 참여하거나 배당을 받아 채권을 회수합니다.

경매에서 부동산을 낙찰받으면 A대부법인은 부기등기를 통해 저당권을 역삼대부법인 명의로 이전합니다. 이 과정에서 역삼대부법인은 약 0.4~0.6%의 등기 비용을 부담하게 됩니다.

5. 론세일 방식의 특성

역삼대부법인은 채권을 할인된 가격에 매입하여 경매 입찰 시 유리한 입장에 놓입니다. 또한, 부동산을 낙찰받아 양도차익을 실현할 수 있는 기회를 가집니다. 그러나, 론세일 방식으로 매각되는 부실채권은 악성일 수 있으며, 배당 방법만으로는 수익을 달성하기 어려울 수 있습니다.

- 채무인수방식과 사후정산방식

채무인수방식과 사후정산방식은 론세일 방식처럼 근저당권을 이전하지 않고 입찰에 참가하여 부동산을 취득하는 목적을 가진 투자방식입니다. 유동화회사는 매수인에게 계약금을 10%를 받고 경매입찰을 하고 낙찰이 된다는 전제하에 투자방식이 성립이 됩니다. 제 3자가 낙찰이 된다면 계약은 무효 처리가 되며 계약금은 투자자에게 반환되며 계약자체는 무효가 됩니다. 배당투자처럼 근저당권부 질권대출을 받을 필요도 없습니다. 두 방식의 가장 큰 차이점은 낙찰대금을 어떻게 처리하느냐에 따라서 차이점을 보입니다. 채무인수방식은 채무인수계약을 통해서 상계처리가 가능하지만 사후정산방식은 경락잔금대출을 통해서 잔금납부를 마무리해야 됩니다.

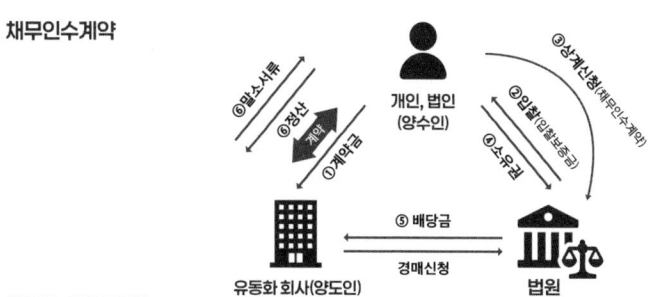

채무인수계약 프로세스
① 양도인과 양수인 계약체결 계약금은 매입금액의 10%
② 권리행사금액내 해당물건 입찰
③ 상계신청동의서 및 채무인수계약에 관한 승낙서 제출
④ 소유권이전
⑤ 양도인 배당수령
⑥ 양도인과 양수인 약정에 따라 정산하고 양도인으로부터 근저당권말소 서류를 받아 근저당권 해지

- 채무인수방식(채무자변경계약)

채무인수방식은 기존 채무를 일부 감면해주는 조건으로 새로운 채무자에게 일시적으로 채권을 인수시킨 다음 채무정리를 하는 방식으로 진행을 합니다. 채무인수방식은 말 그대로 채무자가 변경이 되는 것을 말합니다. 채무인수계약을 통해 양수인의 지위를 채무자에서 매수자로 변경을 하고 낙찰조건부로 임시로 면책적 채무인수를 허용해주면서 유동화회사의 근저당권 채무를 일부 감면해주는 것입니다. 양수인은 원 채무자의 원 채무금액으로 입찰을 하기 때문에 낙찰될 확률이 매우 높습니다. 낙찰조건부 계약이기 때문에 낙찰을 받지 못한다면 자동으로 계약은 해지가 되며 낙찰을 받게 되면 경매계에 상계신청동의서와 채무인수승낙서를 제출을 합니다. 양수인은 촉탁으로 소유권이전은 하나 이때 채무인수한 근저당권은 소멸되지 않으며 추후에 양수인의 대금정산이 완료되면 근저당권이 말소되어 계약이 마무리가 되며 차액약정보전금이라는 조항이 양수인에게 적용이 됩니다.

차액약정보전금이란?

매각금액보다 차순위 입찰가가 높을경우 일정한 금액을 추가로 지급
차액약정보전금 계약은 통상 5%~100%로 체결하며 99% 요구합니다.

차액약정보전금 계약 체결	① 부실채권 매입액	② 입찰가	③ 차순위 입찰가	①-③ 차액	차액약정보전금
100% 지급	370,000,000원	434,954,215원	371,000,000원	-1,000,000원	1,000,000원
20,000,000원	430,000,000원	460,000,000원	455,000,000원	-25,000,000원	20,000,000원
30,000,000원	450,000,000원	475,000,000원	473,000,000원	-23,000,000원	23,000,000원

사후정산

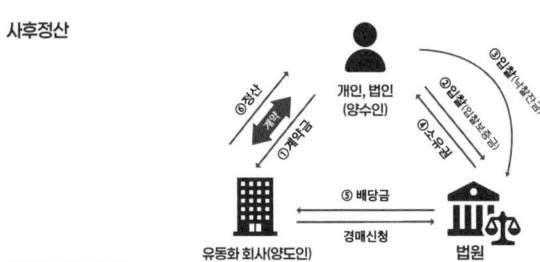

채무인수계약 프로세스
① 양도인과 양수인 계약체결 계약금은 매입금액의 10%
② 권리행사금액내 해당물건 입찰
③ 낙찰후 잔금납부
④ 소유권이전
⑤ 양도인 배당수령
⑥ 양도인과 양수인 약정에 따라 정산

-사후정산방식(입찰참가이행조건부계약)

사후정산계약을 통해서 계약금 10%를 유동화회사에 납부를 하고 경매 입찰을 참여하며 나머지 잔금은 낙찰이후 경락잔금 대출로 납부를 합니다. 부실채권을 매입하기로 한 금액보다 높은 가격으로 낙찰을 받고 낙찰금액과 계약금액의 차액은 양수인이 돌려받을 수 있습니다. 사후정산과 동일하게 대부분 차액약정보전금을 맺게 되며 만약에 낙찰이 되지 않으면 채무인수방식과 동일하게 약은 해지가 되고 계약금은 돌려받게 됩니다.

- 채무인수 VS 사후정산

채무인수방식과 사후정산방식의 가장 큰 차이점은 채무인수방식은 채무인수승낙서 및 채무인수신고서를 통해 상계신청이 가능하지만 사후정산방식은 계약자가 경락잔금대출을 통해서 잔금을 완납해야 된다는 점입니다. 이렇게 본다면 채무인수방식과 사후정산방식의 투자금은 사후정산방식이 훨씬 더 많은 투자금이 발생을 하게 됩니다. 채무인수방식이나 사후정산방식의 경우, 물건이 대부분 고가라서 투자자의 입장에서는 매각대금 전부를 지급하기 어려운 부분이 있을 수 있습니다. 매도자 입장에서도 고가 물건에 가격 부담을 느낀 투자자를 쉽게 찾을 수 없는 경우에는 채무인수 방법을 선택하기도 합니다. 또한 채무인수 방식은 여러가지 우발적 상황이 생겨 양도자나 매수자가 곤란해지는 경우들이 많이 있습니다. 법원에서 채무인수승낙서가 받아들여지지 않거나 경매가 지연되는 경우, 경락잔금대출 받기가 매우 어려운 게 최대 단점입니다. 채무인수 방식을 통해 경락 받은 사실을 잔금 대출 금융기관에 말해야 하기 때문이죠. 그러므로 대출에 대한 것은 미리 확인하고 투자에 임하는 것이 좋을 것 같습니다. 채무인수방식과 사후정산방식은 유동화회사와 NPL투자자가 경매과정이 다 끝난 후에 정산할 것을 전제로 경매 당한 부동산의 저당권 권리를 계약할 뿐입니다. 이러한 부분은 대부업법에서 규정하는 부실채권의 론세일이 아닙니다. 채무인수방식과 사후정산방식은 론세일과 달리 등기부 상 저당권의 명의변경이 일어나지 않습니다. 투자 효과 면에서는 NPL 완전매각방식인 론세일 방식과 별다른 차이가 없습니다.

- 채무인수/사후정산 방식 주의사항

채무인수 방식과 사후정산방식은 저당권을 입찰 전에 유동화회사와 계약한 NPL 투자자는 최고가매수인이 되어 낙찰 받으면 잔금 납부책임이 생기며 계약금은 반환되지 않습니다. 경매 잔금을 내지 않아 재매각이 되는 경우 유동화 회사는 계약금을 돌려주지 않습니다. 경매 잔금납부 후 배당과정을 거쳐 양도인(유동화회사)은 약정금액을 초과한 배당금액을 양수인(계약자)에게 환급합니다.

- **채무인수 방식과 사후정산의 장점과 단점**

○ **장점**

① **금융 비용 절감**

채무인수 방식은 계약 시점에 계약금만 지급하고 잔금은 낙찰 후에 납부하기 때문에 초기 자금부담이 적습니다. 투자자가 고가의 부동산을 매입할 때 금융 비용을 절감할 수 있는 장점이 있습니다.

② **유연한 협상 가능**

채무인수 방식은 유동화회사와의 협상을 통해 일부 채무를 탕감 받을 수 있는 가능성이 있습니다. 이러한 점은 투자자에게 유리한 조건으로 채무를 인수할 수 있는 기회를 제공합니다.

③ 위험 분산

근저당권의 완전한 이전을 하지 않고 저당권을 계약할 수 있어 직접적인 경매 참여에 따른 리스크를 줄일 수 있습니다. 또한, 입찰에 실패할 경우 계약이 자동 해제되어 투자금이 반환되기 때문에 투자자 입장에서는 상대적으로 안전한 투자 방법입니다.

④ 투자자 보호

입찰에 실패할 경우 계약이 자동 해제되며 계약금이 반환되는 구조이므로, 투자자는 불필요한 손실을 방지할 수 있습니다.

○ 단점

① 높은 초기 계약금

계약 시 채권매각대금의 10%를 계약금으로 지급해야 하기 때문에 초기 비용 부담이 있을 수 있습니다. 이러한 특징은 자금 여력이 부족한 투자자에게 부담이 될 수 있습니다.

② 경매 참여 필수

채무인수 방식의 경우 NPL 투자자는 반드시 경매에 참여해야 합니다. 이는 경매 절차에 대한 이해와 경험이 필요한 부분으로, 경매 경험이 부족한 투자자에게는 어려움이 될 수 있습니다.

③ 낙찰 실패 시 계약 무효

경매에서 낙찰 받지 못할 경우 계약이 자동 해제되며, 채무인수 계약은 무효가 됩니다.

④ 금융 비용 발생

낙찰 후 잔금을 납부하기 위해 추가적인 자금 조달이 필요하며, 이 과정에서 금융 비용이 발생할 수 있습니다.

⑤ 복잡한 절차

채무인수 방식은 경매 절차와 유동화회사와의 정산 절차 등 복잡한 과정을 거쳐야 하므로, 법적 이해와 경매 절차에 대한 전문 지식이 필요합니다.

구 분	설 명
론세일 방식	- 채권 양도양수계약 - 근저당권 이전 - 배당투자, 유입투자 선택가능 - 질권대출 가능 - 금융위원회 등록 NPL 대부법인 가능
사후 정산 방식	- 입찰참가이행조건부계약 - 경매 입찰 참여 유입투자만 가능 - 사후정산 조건, 이면계약 형태 - 패찰 시 계약 해제 - 개인, 일반법인 가능 - 차액약정보전금 발생 여지 있음
채무인수 방식	- 채무자변경계약 - 경매 입찰 참여 유입투자만 가능 - 사후정산 조건, 이면계약 형태 - 패찰 시 계약 해제 - 상계신청동의서, 채무인수승낙서 법원 제출 - 개인, 일반법인 가능 - 차액약정보전금 발생 여지 있음

2. 일반 투자자가 NPL 사는 방법?

일반인이 직접적으로 부실채권을 사고 팔 수는 없습니다. 유동화회사를 통한 사후정산방식이나 채무인수방식은 부실채권을 직접적으로 이전받는 방식이 아닌 간접적으로 투자되는 방식입니다. 부실채권에 대해서 조금 더 직접적인 투자를 하려면 금융감독원 등록 및 채권매입추심업 등록 후 부실채권의 매입매각업무를 할 수 있습니다.

- 유동화 전문회사 물건 매입

유동화 전문회사를 통해 NPL을 매입하는 방법은 주로 사후정산방식 또는 채무인수방식으로 채권을 매입하는 것을 의미하며 대부법인이 있다면 론세일로도 NPL매입이 가능합니다.

장점	단점
• 채무인수 방법으로 자금 부담이 적습니다. • 의사결정이 신속하고 간단합니다. • 100% 자기 책임 하에 투자가 이루어집니다. • 비밀유지가 용이합니다. • 물건선정이 자유롭습니다.	• 채무인수 또는 사후정산방식만 가능하여 투자 방식에 한계가 있습니다. • 계약 시 유동화회사에 의존하게 됩니다. • 차액보전 등 불완전한 계약을 할 수 있습니다. • 계약에 따라 선순위 비용을 부담해야 할 수도 있습니다.

(1) 한국자산관리공사(KAMCO) : 캠코는 이름에 '공사'라는 말이 들어가듯이 준정부기관입니다. 1962년 '금융회사 부실자산 등의 효율적인 처리 및 한국자산관리공사의 설립에 관한 법률'에 따라 설립이 된 이래 부실채권을 공적자금을 활용해서 매각을 하고 있으며 IMF 당시 헐값에 당시 론스타 등 외국기업에 헐값에 채권을 매각했다는 부정적인 평가가 있는 반면 당시의 위기를 잘 해결했다는 긍정적인 평가가 함께 이루어지고 있습니다.

(2) 연합자산관리(UAMCO): 우리가 흔히 알고 있는 시중은행인 1금융권 KB국민은행, 신한은행, 우리은행, 하나은행, 기업은행 등 8개 시중은행 및 국책은행이 공동으로 출자하여 설립한 NPL 유동화회사입니다. 현

재 우리나라에서 가장 많은 물건을 보유하고 관리를 하는 회사입니다.

사진	물건유형	소재지	주소	관할법원	사건번호	감정가
	공장	강원	강원도 춘천시 남산면 창촌리 630외 (토지/건물)		-	23,885,197,900원
	대지	충북 추천	충청북도 청주시 상당구 용담동 105-48...	청주지방법원	2024타경61625	1,375,000원
	근린상가	충북 추천	충청북도 청주시 상당구 용담동 105-9(...	청주지방법원	2024타경61625	981,301,780원
	공장	인천 추천	인천광역시 남동구 남촌동 616-5(토지, ...	인천지방법원	2024타경573257	11,638,811,370원
	근린상가	부산 new	부산광역시 영도구 봉래동2가 37-2(토...	부산지방법원	2024타경6044	994,922,590원
	전	부산 new	부산광역시 해운대구 석대동 205(토지)	부산지방법원 동부지원	-	505,050,000원
	공장	대구 new	대구광역시 달성군 구지면 창리 1376(토...	대구지방법원 서부지원	-	5,637,904,800원
	임야	경기 new	경기도 고양시 덕양구 삼송동 57-67(토지)	의정부지방법원 고양지원	-	943,488,000원

유암코는 매입한 NPL을 자체적으로 채권회수를 하기도 하지만 자산관리회사에 위탁처리를 합니다. 홈페이지에 들어가면 지역별, 물건별 다양하게 물건을 검색이 가능하며 경매입찰보다 낮은 금액으로 부동산을 취득을 하려는 투자자들에게는 기회인 곳입니다. 홈페이지에 들어가면

조건별(지역, 감정가, 담당자 등) 검색이 가능하며 유암코에서 유입취득한 물건도 협의하여 매각이 가능합니다.

(3) 대신에이엠씨: 대신에이엠씨의 모태는 우리F&I입니다. 우리금융지주에서 부실채권을 처리할 목적으로 자회사인 우리F&I가 2022년 9월 설립이 되었으며 2014년 우리금융그룹 민영화로 인해 대신증권㈜의 당사 모회사 지분을 100% 취득하여 현재 사명을 대신에이엠씨㈜로 사업을 영위하고 있습니다. 지역별 물건 유형별, 담당자별 물건매각 검색이 가능하며 유선통화로 관심이 있는 물건을 접촉하여 매각여부 판단이 확인이 가능합니다.

(4) 농협자산관리회사: 농협자산관리회사는 줄여서 '농자산'이라고 불립니다. 농업협동조합의 구조개선에 관한 법률(2001.09.12제정)에 의하여 전국 지역농협 및 농협중앙회에서 출자하여 설립한 농협자산관리회사에서는 조합의 부실채권 매입을 통해 조합의 건전성을 높이고 있습니다. 유암코나 대신에이엠씨처럼 입찰을 통해서 NPL매입매각업무를 하기보다는 농업협동조합에서 발생하는 부실채권을 관리를 하고 있습니다.

농자산의 담보부채권 매각가격은 아래의 이미지와 같이 매각을 하니 농자산에서 부실채권을 투자시에는 참고하시길 바랍니다.

[예상매각가 - 총 선위채권]/(1+현가할인율)할인기간(n)

* 예상매각가 : 감정평가액*용도별, 지역별 평균낙찰가율 또는 유사사례 낙찰가율
* 현가할인율 : 기본할인율+관리비용율 또는 시장할인율

> **유동화회사 공략 꿀팁!**
>
> 아파트의 경우 대부분 1금융권에서 대출이 됩니다. 부실채권이 유동회회사로 넘어가면 대부분 배당으로 채권회수가 가능하기에 매각을 하지 않습니다. 반대로 생각해보면 충분히 회수가 가능한 채권인데 왜 팔겠는가를 생각해보면 됩니다. 유동화회사로 넘어간 부실채권 중 손실이 있을만한 부실채권을 가격협상하여 경매보다 더 낮은 가격으로 매입할 수 있습니다. 이렇게 매입한 채권으로 사후정산이나 채무인수방식으로 매입해서 소유권을 취득해서 수익을 내는 것을 추천드립니다.

- 금융위원회등록 대부법인 통한 간접투자

대부법인을 통하여 투자를 할 때 물건선정, 수익성분석, 매입협상을 대부법인의 명의로 이뤄지기에 물건을 직접적으로 선별이나 수익율분석을 의뢰할 수 있기 때문에 수고를 덜 수 있습니다. 현재 저의 대부법인을 통해서 투자자들이 간접투자를 진행을 하고 있고 다양한 수익사례를 통해 안정적인 수익율을 만들어 내고 있습니다. 대부법인은 명의 대출부터 근저당권이전까지 직접 진행하기 때문에 손실리스크를 최소화하고 물건분석을 하여 매입을 하고 있습니다. 다수가 공동투자하는 방식이어서 소액으로 투자가 가능하며 다양한 물건에 투자할 수 있습니다.

- 대부법인을 통한 저당권 매입

투자자가 대부법인을 명의를 빌려서 물건 매입에서부터 낙찰 또는 배당시 일반 투자자가 물건선정, 수익분석, 매입협상을 완료한 후 대부법인의 명의를 빌려 NPL 채권을 매입하는 방법입니다.

장점	단점
• 물건 매입단계에서 절차상 도움을 받을 수 있습니다. • 의사 결정이 좀 더 효율적일 수 있습니다.	• 대부업체 이용 시 명의대여료 등 추가비용이 발생합니다. • 론세일 방식이어서 자금 부담이 커지게 됩니다. • 양도소득세 절감효과를 기대하기 어렵습니다. • 투자금의 안전장치를 100% 보장하기 어렵습니다.

- 대부법인을 통한 간접투자

대부분의 개인이 NPL을 투자하기 위해서 많이 하는 방식입니다. 대부법인이 물건선정, 매입협상, 수익분석을 전담하고, 투자자는 이에 맞춰 대부법인에 투자를 하여 발생한 수익을 공유하는 방식입니다.

장점	단점
• 다수가 공동투자하는 형식이어서 상대적으로 소액 투자가 가능합니다. • 다양한 NPL 물건에 투자할 수 있습니다. • 근저당권부 질권설정을 통해서 투자금을 안전장치가 가능합니다.	• 공동투자로 투자 사고가 발생할 가능성이 있습니다. • 투자주체인 대부업체의 NPL매입 능력에 따라서 수익이 판가름이 나게 됩니다. • 원하는 시기에 투자금이 회수되지 않을 수 있습니다.

- 대부법인을 설립 후 저당권 매입

최근에는 공동으로 각자의 소규모 자금을 펀딩하여 대부법인을 설립하고, 직접적인 채권매입과 매각을 하면서 수익창출 하는 방식이 활용되고 있습니다.

장점	단점
• 공동 투자로 자금 부담을 줄일 수 있습니다. • 전문가의 도움을 받아 투자할 수 있습니다. • 다양한 NPL 물건에 투자할 수 있습니다.	• 공동 투자로 인해 투자 사고가 발생할 수 있습니다. • 투자금 회수 시기가 불확실할 수 있습니다. • 투자금의 안전장치를 100% 보장하기 어렵습니다.

3. NPL 어디서 사는 게 좋나요?

- 대형 자산유동화전문회사(유암코, 대신AMC 등)

유암코와 대신AMC 같은 대형 AMC는 부실채권 매입의 대표적인 주체로서, 다양한 부실채권을 상대적으로 저렴한 가격에 매입할 수 있는 기회를 제공합니다. 이들 기관은 전국적으로 분포된 다양한 종류의 물건을 보유하고 있으며, 투자 가능한 금액대도 다양합니다. 또한 매입 과정에서 비정상적인 비용이 발생하지 않는다는 장점을 가지고 있습니다.

장점	단점
• 상대적으로 저렴한 매입 가격 대형 AMC는 대규모 자산을 보유하고 있어, 대량 매입을 통해 개별 물건을 저렴하게 매입할 수 있는 기회를 제공합니다. • 다양한 매입 대상 물건 전국에 분포된 다양한 종류의 부동산 및 채권을 보유하고 있어, 투자자에게 다양한 선택지를 제공합니다. • 투자 가능 금액의 다양성 소액 투자부터 대규모 투자까지 다양한 금액대의 물건을 매입할 수 있습니다. • 비정상적인 비용 없음 매입 과정에서 추가적인 비정상적인 비용이 발생하지 않습니다.	• 매입 가격 내역 비공개 매입 가격 내역을 공개하지 않으며, 협상이 불가능합니다. • 개인 매입의 어려움 개인이 직접 매입하기에는 어려움이 따릅니다. • NPL화 전 물건 취급 불가 부실채권화되기 전의 물건은 취급하지 않습니다. • 저당권 설명 부족 매입 저당권에 대한 상세한 설명을 제공받기 어렵습니다. • 권리분석 및 수익성 분석 필요 투자자가 직접 권리분석 및 수익성 분석을 해야 합니다.

- 제2금융기관(저축은행, 새마을금고, 신협 등)

저축은행, 새마을금고, 신협 등 제2금융기관은 특정 지역에 집중된 물건을 보유하고 있으며, 전체 물건을 통으로 매입할 수 있는 기회를 제공합니다. 또한 매도하는 금융기관에서 질권대출 등 매입 편의를 받을 수 있어, 투자자에게 다양한 혜택을 제공합니다.

장점	단점
• 특정 지역 집중 물건의 지역이 특정 지역에 집중되어 있어, 지역별 특화된 투자가 가능합니다. • 통매입 가능 보유하고 있는 물건을 통으로 매입할 수 있습니다. • 매입 편의 제공 질권대출 등 매입 편의를 받을 수 있습니다. • 할인 매입 가능 할인된 가격으로 매입할 수 있는 기회를 제공합니다. • 경매 전 투자 가능 경매되기 전이나 NPL화 되기 전의 물건 투자도 가능합니다. • 높은 연체이자 상대적으로 높은 연체이자를 누릴 수 있습니다.	• 물건 다양성 부족 매입 물건이 다양하지 못합니다. • 저당채권 신뢰성 문제 2순위 이하 저당채권인 경우도 있으며, 저당채권의 가격을 신뢰하기 어렵습니다. • 문제 있는 부동산 존재 부동산이나 저당권에 문제가 있는 경우도 있습니다. • 비정상적인 매입비용 발생 가능성 비정상적인 매입비용이 발생할 가능성이 있습니다. • 첫 거래의 어려움 첫 거래가 어렵고, 단골이 아니면 물건 매입이 쉽지 않습니다. • 물건 수의 부족 거래 물건이 많지 않습니다.

이해를 돕는 요약노트

1. 대형자산유동화전문회사 (유암코, 대신AMC 등)
- 장점: 저렴한 매입 가격, 다양한 매입 대상 물건, 비정상적인 비용 없음
- 단점: 매입 가격 내역 비공개, 개인 매입 어려움, 저당권 설명 부족

2. 제2금융기관 (저축은행, 새마을금고, 신협 등)
- 장점: 특정 지역 집중, 통매입 가능, 매입 편의 제공
- 단점: 물건 다양성 부족, 저당채권 신뢰성 문제, 비정상적인 매입비용 발생 가능성

핵심만 짚는 OX 퀴즈

1. 론세일 방식에서는 부실채권을 원리금 기준으로 할인 매입하여 근저당권을 양수인에게 이전한다. [　]

2. 채무인수 방식에서는 채무를 그대로 양수인에게 이전하는 계약 방식으로, 채권자가 변경된다. [　]

3. 론세일 방식은 경매 입찰 시 유리하고 세금 절감 효과가 있다. [　]

4. 채무인수 방식은 초기 자금 부담이 크지만, 유연한 협상이 가능하다. [　]

5. 부실채권을 매입하려면 대통령령에 따라 자본금 5억 원 이상이어야 한다. [　]

6. 대부업체를 통해 개인이 NPL에 투자하는 방법은 자금 부담이 크고 의사결정이 느리다. [　]

7. 대부업 법인을 설립하려면 대부업 교육 이수, 법인 설립, 보증보험 가입 또는 예탁금 준비, 금융위원회 등록 신청 등의 절차를 거쳐야 한다. [　]

8. 대형자산유동화전문회사는 저렴한 매입 가격과 다양한 매입 대상 물건을 제공한다. [　]

9. 제2금융기관은 특정 지역에 집중하고 통매입의 편의를 제공한다. [　]

10. 대부법인을 통한 NPL투자시에는 투자금의 안전장치를 기대하기 어렵다. [　]

정답: O / X / O / X / O / X / O / O / O / X

# 3장 NPL 한번 사보자고요

1. NPL 고르는 법

NPL투자에 있어서 먼저 내가 어떠한 종류의 부동산을 투자대상으로 할 것인지 정해야 합니다. 아파트, 다세대주택, 다가구주택, 오피스텔, 공장, 상가 등 다양하게 있지만 내가 어떠한 용도로 쓸 것이며 내가 투자목적인지 아니면 실거주 목적인지에 따라서 NPL의 선택의 폭은 넓어지게 됩니다.

- 대법원(법원경매정보)사이트에서 물건 찾기

NPL은 대부분 경매에서 시작이 됩니다. 그래서 대법원경매사이트에서 물건검색을 통해서 부실채권을 찾아볼 수 있습니다. 현재 진행중인 경매는 금융기관의 부실채권이 되어 매입이 가능하며 지역, 투자금액, 목적에 따라서 경매를 검색해서 물건검색이 가능합니다.

내가 원하는 물건을 검색을 해서 '문건/송달내역' 문건처리 내역에 접수내역으로 '채권자변경신고서제출'이 확인 되면 NPL이 유동화 된 것 입니다. 유동화 된 NPL은 투자가 가능한 물건이라는 것을 알 수 있습니다.

- 유료경매사이트에서 물건 찾기

대법원경매사이트에서는 아무래도 정보제공의 한계가 있습니다. 그래서 유료경매사이트를 많이 찾아보게 됩니다.

문건처리내역		
접수일	접수내역	결과
2024.05.01	등기소 광OOOOO OOOO OOO 등기필증 제출	
2024.05.09	감정인 토OOOOOOOOO 감정서 제출	
2024.05.20	임차인 오OO 권리신고 및 배당요구신청서(주택임대차) 제출	
2024.05.21	임차인 정OO 권리신고 및 배당요구신청서(상가임대차) 제출	
2024.05.23	집행관 김OO 현황조사보고서 제출	
2024.06.10	교부권자 국OOOOOOOO OOOO 교부청구서 제출	
2024.06.27	채권자 주OOO OOOO 보정서 제출	
2024.07.02	채권자 주OOO OOOO 열람및복사신청 제출	
2024.07.10	이해관계인 목OO 교부청구서 제출	
2024.07.22	채권자 유OOOOOOOOOOOOO 채권자변경신고 제출	
2024.08.05	승계인 유OOOOOOOOOO OOOO 열람및복사신청 제출	

굿옥션, 지지옥션, 스피드옥션등 국내에는 다양한 유료경매사이트가 있습니다. 유료경매사이트의 장점도 있으니 유료사이트를 보는 것도 추천을 드립니다. 사이트마다 차이점이 있지만 예정물건에 등기부등본 제공과 유동화회사별 NPL담당자와 전화번호까지 상세하게 나오며 NPL투자에 있어서 편리함을 제공합니다. NPL뿐만 아니라 경매를 계속 할 생각이라면 유료경매사이트는 꼭 하나쯤은 가입하는 것을 추천합니다.

- **신협, 수협, 새마을금고, 저축은행에서 매입하기**

실질적으로 1금융권에서는 안정성이 뒷받침이 되는 대출이 많이 나가고 있습니다. 일반적으로 아파트를 매매를 하더라도 대출을 1금융권에서 대부분 하게 됩니다. 1금융권에 비해서 2금융권은 아파트의 담보대출이 많지 않습니다. 그 이유는 2금융권의 더 높은 금리 때문입니다. 그렇지만 2금융

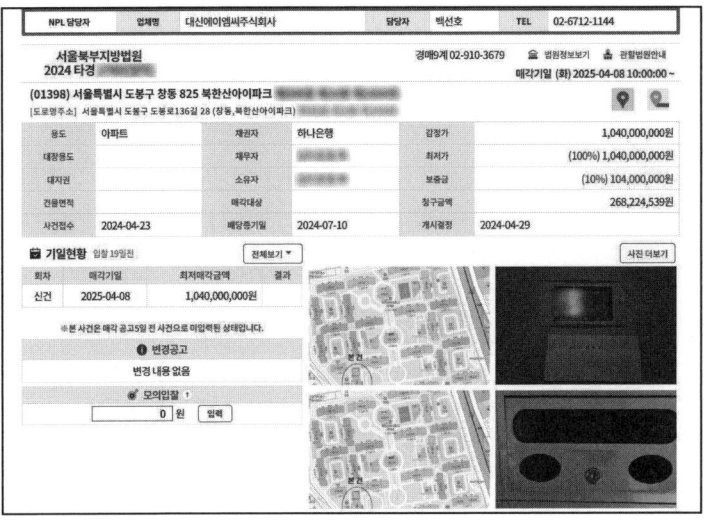

권이라도 대출금리 높음에도 불구하고 쓰는 이유는 바로 대출한도가 높기 때문입니다. 최근에는 DSR기준이 강화됨에 따라서 사업자대출로 눈을 돌려서 대출한도를 많이 늘려 대출을 받고 있습니다. 이러한 사업자대출은 2금융권인 신협, 수협, 새마을금고, 저축은행에서 취급을 많이 하고 있습니다. 참고적으로 1금융권에서는 1순위로 대출이 나가기 때문에 안전성 면에서는 최고로 꼽을 정도입니다. 개인적으로 대한민국에서 아파트는 안전자산이라는 생각이 듭니다. 부동산하락기가 오더라도 아파트는 경매로 나와서 시세보다 크게 저렴하게 낙찰이 되지 않습니다. 높은 낙찰가율로 인해서 아파트 NPL의 경우에는 유동화회사에서 거의 매각을 하지 않습니다. 그렇지만 2금융권에서는 이야기가 다릅니다. 1금융권에서 대출한도가 부족하면 2금융권에서 한도를 더 늘려서 대출이 나가기에 충분히 공략이 가능합니다.

차주일련번호	차주명	차주형태	경매/공매 사건번호	자산구분	대출원금	가지급금	미수이자	총채권액	
1		개인		부동산	171,130,441		12,456,420	183,586,861	부산진구
2		법인		부동산	5,150,000,000	22,598,950	413,333,536	5,585,932,486	부산광역시
3		법인		부동산	1,684,415,593		721,280,700	2,405,695,993	부산광역시
4		개인		부동산	663,000,000	7,288,660	44,242,104	714,530,764	부산광역시
5		개인		부동산	470,802,849	6,704,610	38,715,404	516,222,863	경상남도
6		개인		부동산	940,000,000	8,848,570	62,402,397	1,011,250,967	금정구
7		개인		부동산	1,790,000,000	12,445,140	133,609,986	1,936,055,126	경남 김해시
8		법인		부동산	1,242,197,935	13,849,150	266,030,065	1,522,077,170	제주시
					54,568,652,349	143,168,002	2,606,061,300	57,317,881,651	

신협에서 제공받은 NPL 매각리스트

대부분의 NPL투자자들은 대부법인을 설립하여 2금융권의 NPL리스트를 제공받아 채권 매입협상을 거쳐서 높은 수익을 내고 있습니다. 제가 현재 운영중인 네이버카페 이음투자연구소 (https://cafe.naver.com/fmssanta)에서도 정기적인 NPL리스트 업데이트를 통해 일반인이 NPL투자에 쉽게 다가갈 수 있도록 정보제공을 하고 있습니다.

- 경매물건 하자를 NPL활용해서 매입하기

NPL투자로 고수익을 내려면 경매물건의 하자가 있는 것을 접근하는 것도 매우 좋은 방법입니다. 일차적으로 정형화된 주거용의 경우 낙찰 예상가를 파악이 용이하지만 모텔과 같은 상업용 건물, 그리고 공장 이러한 것들은 시세 예측이 조금 어려울 수도 있습니다. 실제 낙찰가를 보면 1등과 2등의 경우 몇 억씩 차이가 나는 경우도 많이 발생합니다. 이러한 물건은 시세파악이 쉽지 않기 때문에 입찰가격이 대출금액보다 더 낮아지는 경우도 발생을 합니다. 추가적으로 모텔이나 공장경매의 경우 허위 유치권신고를 하는 경우도 많습니다.

특히 모텔의 경우 임차인이 있는 경우 월세를 내지 않으면서 최대한 오랜 기간 영업을 하기를 원합니다. 허위 유치권

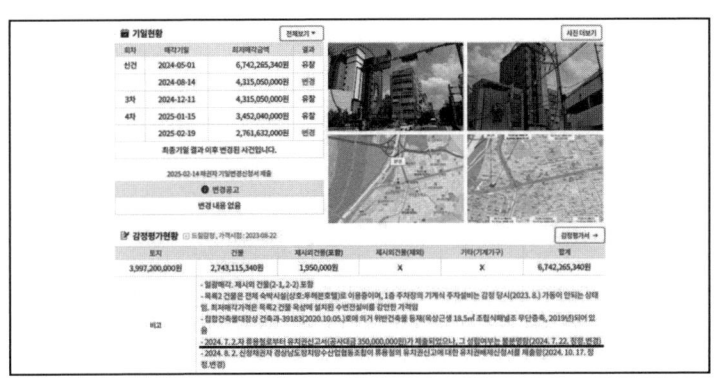

등을 신고해서 경매를 최대한 길게 진행을 시켜 사업영위를 합니다. 그래서 이러한 부분들이 경매낙찰가격을 떨어뜨리는 요인이 될 수가 있습니다. 따라서 이를 잘 활용해서 금융기관과 협상하여 원금까지 할인받아 매입하게 되면 큰 수익을 낼 수 있습니다.

감정가대비 저당권이 설정이 큰 물건은 부동산 상승기나 신축 부동산의 경우 감정평가가 높을 때 대출실행이 된 물건일 가능성이 큽니다. 부동산 하락기가 되면 다세대주택, 오피스텔, 신축상가의 낙찰가율은 매우 낮게 형성됩니다. 이때 대출원금이 크다면 충분히 많은 할인을 요구할 수가 있습니다.

- **좋은 NPL 물건 고르는 법**

① **환산 연수익률이 높은 채권**

투자 수익률을 높이기 위해서는 환산 연수익률이 높은 채권을 선택하는 것이 중요합니다. 배당투자 시에는 NPL 취득에 소요되는 총원가와 최종 예상배당액을 비교하고, 유입투자 시에는 NPL 취득에 소요되는 총원가와 예상 재매각액을 비교해 투자수익률을 산정합니다.

② **총수익률과 회수기간**

총수익율이 높아도 채권양수도계약 이후 배당기일까지 오랜 기간 시간이 걸리게 된다면 연수익율은 낮아지게 됩니다. 예를 들어 채무자의 회생결정이 되면 추심이 중지가 되기 때문에 경매가 다시 진행이 되기까지 긴 시간이 걸릴 수 있으며 다가구주택, 다세대주택, 오피스텔, 도시형생활주택은 임차인들이 전세사기피해자로 인정이 될 경우에는 경매유예신청이 받아들여집니다. 그렇게 되면 경매기간이 연장이 되기 때문에 수익률은 낮아지게 됩니다, 즉 그 말은 연체이자는 채권최고액까지 받을 수 있지만, 근저당권부 질권대출이자가 배당기일까지 지출이 되면 수익성이 악화가 되기 때문에 부실채권을 매입하는 시기와 회수기간이 매우 중요합니다.

③ 저당여유가 큰 물건

대출실행이후 저당권 잔액이 일부 상환이 되는 경우도 많이 있습니다. 예를 들어 대출실행이 10년 정도 지났다면 원금이 많이 상환 되었을 것입니다. 그렇게 되면 원금과 채권 최고액 사이 갭이 크기 때문에 수익률이 높게 됩니다. 이때 수익률을 높이는 방법은 두 가지 방법이 있습니다. 부동산 임의경매를 기일변경을 통해서 최대한 경매를 지연시키는 방법과 경매를 취하한 뒤 재경매를 넣어서 추가적으로 연체이자를 더 쌓는 방법이 있습니다. 배당투자나 유입투자에 동일하게 적용이 가능합니다.

2. NPL투자 시 유의사항

NPL(부실채권) 투자는 높은 수익을 기대할 수 있는 투자 방식 중 하나지만, 그만큼 리스크가 크고 주의해야 할 점도 많습니다. NPL 투자 시 유의해야 할 사항들을 자세히 설명 드리겠습니다.

- NPL 매입가격보다 낮은 가격에 낙찰될 경우

NPL을 매입한 후 경매를 통해 자산을 회수하려는 경우, 낙찰가가 NPL 매입가격보다 낮아지면 투자 실패로 이어질 수 있습니다. 특히, 낙찰가가 NPL 매입가격 이하로 떨어지면, 배당금이 나와도 그 차액만큼 손해를 보게 됩니다. 매입시점부터 배당기일까지 예상기간 그리고 부대비용을 계산해야 합니다. 부동산 경기에 따라서 해당 목적물의 낙찰가율도 달라지기 때문에 이또한 변수로 작용합니다. NPL을 매입하기 위해서 성급하게 움직이는 것보다 수익율이 낮더라도 최대한 보수적으로 접근해서 매입하는 것이 중요합니다. 10번 잘하다가도 1번 손실이 되면 크게 잃을 수 있기 때문에 투자의 1원칙은 잃지 않는 투자를 하는 것입니다. 따라서 NPL 매입 시 적정 매입가를 신중히 결정하는 것이 중요합니다

- 경매 진행 도중 발생할 수 있는 문제들

경매가 진행되는 동안 여러 가지 불확실성이 존재할 수 있습니다. 예를 들어, 경매가 중단되거나 이의소송이 제기될 경우입니다. 이 경우 NPL 매입자는 속행신청을 통해 경매를 재개할 수 있지만, 자금 회수가 늦어져 대출이자 비용증가 등 추가 비용이 발생할 수 있습니다. 또한, 채무자가 신용회복 절차나 파산 절차에 돌입하면 경매가 지연되며, 파산선고가 내려진다면 잔존채무에 대한 권리 행사도 불가능해질 수 있습니다. 최근에는 전세사기피해자로 인정이 된 임차인은 경매유예신청이 가능해져 이 또한 자산을 회수하는데 기간이 걸리기 때문에 잘 살펴봐야 할 부분입니다.

- 저당권자보다 먼저 배당에 참여하는 권리자들

경매에서 저당권자보다 우선하여 배당 받는 권리자들이 있

습니다. 주택이나 상가의 소액 임차인은 최우선변제로 저당권보다 먼저 배당 받을 수 있으며, 당해세나 임금채권도 저당권보다 우선하여 배당 받을 수 있습니다. 따라서 NPL 투자자는 배당표 작성 공부가 매우 중요합니다. 배당표는 돈 받을 권리가 성립된 순서대로 채권을 돌려주는 과정이기 때문에, 배당할 금액이 채권액보다 많거나 같다면 문제가 없지만, 그렇지 않을 경우 문제가 발생할 수 있습니다.

순위	항목	비고
1	경매비용	경매 절차를 진행하는 데 들어가는 기본 비용
2	필요비, 유익비	해당 부동산을 유지·개선하는 데 사용된 필수 또는 이익을 준 비용
3	최우선변제비	법에 따라 우선 보호받는 소액 임차보증금 및 근로자의 일부 임금 채권
4	당해세	해당 부동산에 부과된 국세 또는 지방세
5	우선변제권	(근)저당권, 가등기, 전세권, 확정일자 있는 임차보증금 등 담보 성격의 채권
6	일반임금채권	최우선변제 대상 외의 나머지 임금 채권
7	조세채권	일반 담보보다 후순위인 국세 또는 지방세 채권
8	공과금	국민연금, 건강보험, 산재보험 등 공적 보험 관련 미납금
9	일반채권	가압류, 가처분 등 담보 없는 일반 채권

주택(상가) 경매 시 배당 순서

0순위: 경매집행비용, 민법상 비용 상환청구권
1순위: 임대차보호법상 소액 최우선변제 채권
2순위: 근로기준법상 임금채권 중 일정 금액 (최종 3개월분의 임금과 최종 3년간의 퇴직금 및 재해보상금)
3순위: 집행목적물에 부과된 국세 및 지방세와 그 가산금 (당해세)
4순위: 당해세를 제외한 국세 및 지방세, 저당권·전세권·담보가등기에 의해 담보된 채권, 대항요건과 확정일자를 갖춘 임차인의 임차보증채권
5순위: 위 임금채권을 제외한 임금채권
6순위: 법정기일이 전세권·저당권·질권설정일보다 늦은 국세·지방세 등 지방자치단체의 징수금
7순위: 의료보험법·산업재해보상법 및 국민연금법에 의한 보험료 등 공과금
8순위: 집행력 있는 일반채권
9순위: 일반 가압류 채권

실무에서는 대부분 주거용 부동산을 매입하게 됩니다. 간혹 경매가 들어가기 전에 NPL을 매입하는 경우가 종종 발생을 합니다. 매입하기 전에 체크를 해야 할 것이 세금과 임차인입니다. 이에 대한 부분이 어느정도 확인이 된다면 NPL 매입에 큰 무리가 없을 것입니다. 그렇다고 위 저당권보다 선배당되는 것을 체크를 하지 않아도 된다는 의미는 아닙니다. 그만큼 대출당시에 세금과 전입세대열람을 통해서 대출

이 나갔기에 선배당되는 것이 있더라도, 금액적으로 작거나 최우선변제금액만큼 공제를 하고 채권을 매입하면 손실의 확률이 작다는 의미입니다. 기본적으로 금융기관에서 대출 실행시에는 국세, 지방세 완납증명서를 받고 있기 때문에 당해세는 있다고 하더라도 크지 않으며, 여기서 당해세는 해당 부동산에 부과된 세금을 말하며 종합부동산세 또한 포함이 됩니다. 대부분의 부동산에는 해당되지 않지만 소유자가 법인일 경우에는 종합부동산세가 부과가 되니 유의해야 할 부분입니다. 실무에서는 NPL을 매입할 때 경매신청 접수가 되지 않았지만 부실채권을 매입하는 경우가 종종 있습니다. 그럴 때에는 필수적으로 확인해야 할 서류는 대출당시 국세, 지방세 완납증명서와 전입세대열람을 통해서 저당권보다 선배당이 되는 것을 체크를 해야 합니다.

- **다단계 피라미드를 의심하자**

NPL 투자 시 공동투자로 돈을 모으는 과정에서 원금 보장이나 확정 금리를 약속하는 경우가 있다면, 이는 다단계 피라미드 사기일 가능성이 높습니다. 이러한 경우 투자를 신중히 검토하고 의심할 필요가 있습니다. 저 또한 NPL 투자를 피라미드 투자사기로 인해 피해를 입고 소송을 준비하면서부터 시작했으며, 현재는 NPL 전업투자자로 일하고 있습니다. NPL 투자가 잘 이뤄졌을 때에는 높은 수익율을 자랑

하지만 그와 반대로 손실도 일어날 수 있습니다. 투자라는 게 항상 모든 게 계획대로 이뤄진다면 정말 좋겠지만 그렇지 않는 경우도 발생하기 마련입니다. 예전에 어느 한 투자회사에서 사후정산방식으로 지방의 공실상가를 매입하던 사례가 있었는데요. 사후정산방식으로 상가를 낙찰을 받은 다음, 1년 뒤 재감정을 통해서 더 많은 대출을 받고는 경매로 넘겨 버리는 방식으로 투자금을 손실시키는 경우도 있으니 조심해야 합니다.

- 법원의 배당절차

- **01** 채권계산서를 제출한다
- **02** 배당표를 점검하고 배당금액이 맞는지 확인해본다
- **03** 원인서류를 준비한다
- **04** 대리인으로 참석할 경우 위임장 2통을 준비한다
- **05** 법원보관금 출금(환급)명령서를 가지고 보관금계로 간다
- **06** 법원보관금 출금(환급)지시서를 가지고 법원내 은행으로 간다
- **07** 채권자의 통장의 배당금입금

배당의 종류와 순서

· 최우선 배당: 주택(상가) 임차인의 소액보증금, 임금채권, 당해세

· 우선(순위)배당: 주민등록 전입일자(상가는 사업자등록일),

· 확정일자 중 늦은 날 기준

· 안분배당: 배당 가능 금액 x 각자 채권 / 채권 전체

· 흡수배당: 안분배당 후 흡수 배당해야 할 물권 등이 있다면 흡수배당

· 소액이동배당: 소액 최우선 보호 기준 변동에 따라 소액 배당금 증가

· 동시배당·이시배당: 실무에서는 동시배당 순

최고가 매수인이 잔금납부가 마무리가 되면, 해당 경매계에서는 사건의 이해관계인들에게 배당기일이 언제인지 알려주는 배당기일통지서와 채권계산서가 발송됩니다. 배당기일을 지정하고 배당기일에 최종적으로 이해관계인들의 심문을 거쳐 이의가 없다면 배당을 확정하고 배당지급이 되는 것이죠. 이후 배당이익 또한 없다면 법원보관금 출금(환급)명령서를 받은 뒤 보관계에서 법원 보관금출금(환급)지시서를 은행에 제출하면 배당금이 통장계좌로 입금됩니다.

수 원 지 방 법 원
배당기일통지서

[경매 계]

사 건	2023타경◯◯◯◯ 부동산임의경매
채 권 자	주식회사 ◯◯◯◯ 대부
채 무 자	◯◯◯
소 유 자	채무자와 같음

매 당 기 일   2025. ◯◯.◯◯(목) 15:00 (수원지방법원 제101호 법정)
위와 같이 배당기일이 지정되었음을 통지합니다.

2024. 11. 25.

법원주사보

유의사항

	개인 본인	개인 대리인	법인 대리인
배당금수령 공통 첨부서류	신분증 배당금이 공탁된 후에는 인감증명서 2통 및 인 감 도 장 (배 당 금 1,000만 원 이하를 청구하는 경우는 제외)	신분증 위임장 및 위임자의 인감증명서 각 2통	신분증 위임장 및 법인 인감증명서 각 2통 법인등기사항증명서 2통 기타 자격증명서면(재직증명서 등)

▶ 주소변동 있는 경우 주민등록초본 등도 필요
▶ 인감증명서는 발급일부터 3월 이내의 것을 제출하여야 합니다.

배당금수령	▶ 임차인이 배당금을 수령하려면 ①임대차계약서원본, ②주택임차인은 과거주소변동

배당기일 통지서

배당금 수령 시에는 개인으로 대위변제를 해서 배당을 받을 수 있습니다. 금융위원회 등록 대부법인이 부실채권을 이전 받고 배당을 받을 때 필요한 서류에 대해서 정리해 드리겠습니다. 이 경우 법인의 인감증명서, 법인등기사항증명서가 각 2통씩 필요하며 대표자 직접 배당수령시에는 반드시 신분증을 지참해야 합니다. 만약 대리인이 가게 된다면 위임장을 2통 추가적으로 지참해서 배당기일에 참석해야 합니다.

배당이의 관련 사항	▶ 배당이의는 지정된 배당장소에서 **배당기일 당일에 한하여 구술로만 가능**합니다(단 채무자는 배당기일 3일전부터 서면으로도 가능) ▶ 대리인이 배당기일에 출석하여 배당이의를 할 때는 개인의 경우 배우자 또는 4촌이내의 친족, 법인의 경우 피고용자로서 소송대리허가신청서와 관계 소명자료(주민등록등본, 가족관계증명서, 재직증명서 등)를 작성, 제출하여 집행법원의 허가를 받아야 합니다. ▶ **배당이의를 한 경우에는 배당기일로부터 7일 이내**에 집행계에 배당이의의 소 제기증명서 및 그 소장 사본을 제출하거나 또는 청구이의의 소 제기증명서, 그 소장 사본 및 집행정지재판의 정본을 **제출하여야 합니다.**

배당기일 배당이의 관련사항

채 권 계 산 서

사건번호 : 2023 타경 ○○○○
채 무 자 : 김 철 수
소 유 자 : 김 철 수

채권계산서	채권원금	이자 (2022.11.30 부터 배당기일까지)	기타 (비용,부대채권)	합계
	85,000,000	18,024,658	2,759,850	105,784,508

위 사건에 관하여 배당요구채권자 주식회사 ○○대부는 상기와 같이 채권계산서를 제출합니다.

2023. 12.

채권자 : 주식회사 ○○대부   (날인 또는 서명)
☎ : 02-781-1234

○○지방법원 귀중

매각대금 납부가 이뤄지면 경매사건의 이해관계인에게 배당기일통지서가 발송이 됩니다. 배당기일통지서에 채권계산서 양식이 함께 들어가 있으며 채권계산서를 1주일 안에 제출을 하라는 내용이 담겨 있습니다.

- 채권 계산서 작성요령

채권계산서는 배당일까지 원금과 연체이자 그리고 경매 비용 및 추가로 납입된 집행비용을 합해서 작성하면 됩니다.

(1) 경매신청서상에 청구금액이 원금이 되며 이자는 배당기일까지 원금에 대하여 연체이자율을 일수만큼 계산해서 기입하는 방법

(2) 채권원금은 대출잔액이 되며 이자는 정상이자와 연체이자를 배당기일별로 계산해서 기입하는 방법

총 두가지의 방법이 있지만 법원마다 정해진 것은 없습니다. 통상적으로는 (2)번 경우처럼 채권원금에 정상이자와 연체이자를 배당기일별로 계산 후 기입해서 채권계산서를 내는 편입니다.

채권계산 명세서

2024.06.25. 기준

성　　　명 : 김 영 민
이자계산기준일 : 2024-06-25　　　담 당 자 : 이 철 민

대출금액	대출잔액	총이자금액	비용금액
1,200,000,000	1,150,000,000	51,556,223	

<계산이자내역>

순번	계산구분이자	계산기초금액	계산시작일	계산종료일자	이율	일수	계산이자금액
1	본이자	1,150,000,000	2023-10-14	2023-11-13	3.77%	31	3,563,425
2	연체이자	1,150,000,000	2023-11-14	2023-12-13	6.77%	30	6,399,041
3	연체이자	1,150,000,000	2023-12-14	2024-01-13	6.77%	31	6,612,342
4	연체이자	1,150,000,000	2024-01-14	2024-02-13	6.77%	31	6,612,342
5	연체이자	1,150,000,000	2024-02-14	2024-03-13	6.77%	29	6,185,740
6	연체이자	1,150,000,000	2024-03-14	2024-04-13	6.77%	31	6,612,342
7	연체이자	1,150,000,000	2024-04-14	2024-05-13	6.77%	30	6,399,041
8	연체이자	1,150,000,000	2024-05-14	2024-06-13	6.77%	31	6,612,342
9	연체이자	1,150,000,000	2024-06-14	2024-06-25	6.77%	12	2,599,616

일반대출이자내역 합계 : 51,556,223

주식회사 ○○○○대부

서울특별시 강남구 역삼동123 역삼 B/D 1004호

필자의 경우 채권계산서와 함께 별도의 채권계산명세서를 첨부하여 이해관계인들이 참고할 수 있도록 제출합니다.

3. NPL 투자 단계

필자는 NPL을 투자하면서 실질적으로 유암코, 대신AMC, 농협자산관리회사는 거의 접촉할 일이 없다고 말씀 드리고 있습니다. 의외로 대형유동화회사에서 채권매각이 더욱 더 깐깐하고 독소조항들이 있기에 이러한 대형유동화회사보다는 상호금융권에 접촉을 해서 수익이 날만한 NPL에 투자하고 있습니다.

- 경매 개시

금융기관은 채무자가 연체 3개월이 지나면 해당 채권을 부실채권으로 분류합니다. 이때 금융기관은 경매 개시 결정을 내리고 강제매각 절차를 시작합니다. 이 절차는 채권자의 권리를 보호하고 채무 변제를 강제하기 위한 중요한 단계입니다. 그렇지만 신협, 수협, 새마을금고에서는 경매개시이전이라도 부실채권 매각을 하는 경우도 있으니 충분히 다양한 채권매입을 위한 채널을 만들어 놓는 것도 좋은 방안인 것 같습니다.

- 근저당권 매입

① NPL 영업업무

대부법인을 설립하여 운영하다 보면 실무에서는 유동화회사를 통해 투자할 일을 거의 없다는 점을 알 수 있습니다. 대부법인을 설립하고 실질적으로 NPL리스트를 받을 수 있는 곳은 상호금융권입니다. 대형유동화회사에서도 NPL투자를 할 수 있지만 배당투자를 생각한다면 론세일이 가능한 금융기관을 찾게 됩니다. 상호금융기관에서 수많은 NPL매각리스트를 받아본 뒤, 해당 리스트를 검토하면서 어떠한 물건을 매입 할 수 있을지 고민을 하게 됩니다. NPL 투자는 겉이 번지르르한 보기 좋은 떡에서 수익이 나지 않는다는 것을 명심해야 할 것입니다. 여기서의 보기 좋은 떡이란 아파트와 같이 낙찰가율이 크게 변동이 없는 부동산입니다. 이러한 건은 안전하게 수익이 날 것 같지만 상호금융기관에서는 아파트의 경우 할인률이 거의 없을 뿐 아니라, 원금에 연체이자까지 요구하는 경우도 많습니다. 결국 거의 수익이 나지 않는다고 보시면 됩니다. 그렇기 때문에 검토하지 않는 것이 좋을 듯 합니다. 경매라는 투자시장은 누구에게나 오픈되어 있고 누구나 쉽게 정보를 들여다 볼 수 있는 곳입니다. 그렇기에 단순하게 보기 좋은 떡에 접근하는 것은 금물일 것입니다.

② 매각 물건 채권 분석

저는 NPL 투자의 전 과정에서 매각물건 채권분석이 가장 중요하다고 봅니다. 단도직입적으로 말하면, NPL투자의 성패는 투자 물건을 얼마나 잘 매입하느냐에 달려 있기 때문입니다. 물건을 매입할 때 가장 중요한 것은 '경매 낙찰가격'입니다. 앞에서 언급했다시피 아파트는 채권 분석에 특별히 힘을 쓸 필요가 없습니다. 왜냐하면 비교대조군이 명확하기 때문입니다. 아파트의 경우에는 네이버 부동산의 평형별 시세나 그 외에도 실거래가를 볼 수 있는 사이트가 다양하게 존재합니다.

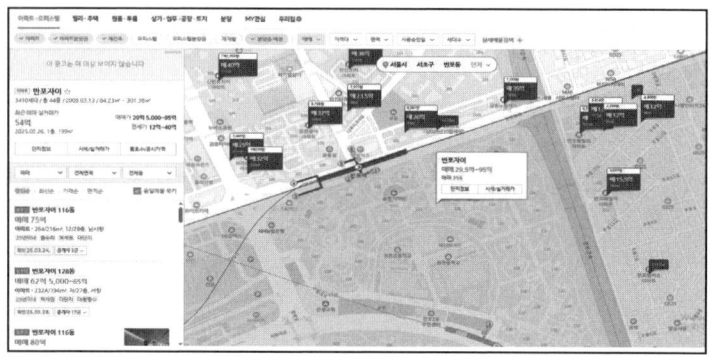

네이버 부동산

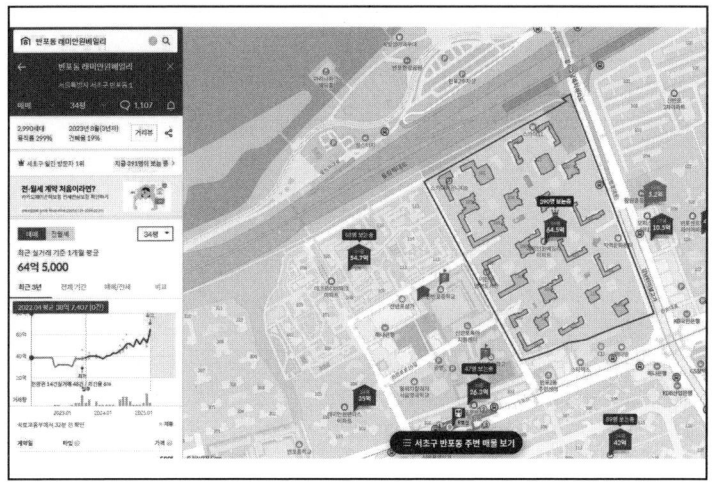

호갱노노

위와 같이 아파트는 정형화 되어있기에 어느 정도 낙찰 예상가를 분석할 수 있습니다. 그렇지만 다세대주택, 다가구주택, 오피스텔, 토지, 공장 등은 분석이 힘들다고 보면 될 것 같습니다. 그나마 다세대주택, 다가구주택, 오피스텔 등 아파트를 제외한 비아파트는 낙찰가가 대략적으로 예측이 됩니다. 그렇지만 토지 위치나 토지의 용도에 따라서 다르고 공장은 위치와 건물의 상태, 어떠한 업종의 공장이 허가가 나는 것에 따라 낙찰가의 변동이 크게 날 수 있습니다.

디스코

NPL투자는 엑시트가 다른 부동산투자 중에서도 빠른 편입니다. 그리고 근저당권부 질권대출을 하더라도 경매라는 것은 1년 정도 시간이 지나면 경매가 종료가 되면서 채권회수가 이루어지기 때문에 대출에 대한 부담이 줄어듭니다. 최근 비아파트의 경우 다세대주택, 다가구주택, 오피스텔 등은 전세사기로 인해 경매유예신청이 있다면 경매기간이 늘어날 수 있으니 이러한 부분들을 참고해서 매각물건 채권분석을 해야겠습니다. NPL을 매수할 때 가장 중요한 점은 다름 아닌 영업이라고 생각합니다. 따라서 전국적으로 어느 조합에서 연체율이 높은지를 파악하는 것도 중요합니다. 여기서 분명 이러한 생각을 하는 사람도 있을 것입니다. 자기 주변에 이사장, 조합장 또는 NPL담당자를 알고 있다는 사람이 분명히 있을 것입니다. 그렇지만 필자는 이러한 이점이 있다고 해서 부실 채권을 매입하는데 도움이 된다고 생각하지 않습니다. 그 이유는 직접 아는 금융기관에 전화를 해서 NPL리스트를 받아보면 정답이 나옵니다. 지속적인 관리를 하게 된다면 꾸준하게 채권 확보는 가능하겠지만, 우리는 실제로 꾸준히 수익을 낼 수 있는 채권을 매입하는 것에 초점을 맞춰야 합니다.

③ **매입 가격 결정 및 대금 납입**

유선상으로 채권매입 가격을 제시하고 협의를 거치는 경우도 꽤 많습니다. 매도자의 입장에서는 조금이라도 더 받기를 희망하고 매수자의 입장에서는 더 금액을 깎기를 원하기 때문에 서로 상충된 생각이 계약금액에서 차이를 보입니다. 하지만 어느정도 협의를 거친 다음 계약금액을 형성하고 나면 이후 대금 납입 방법과 부수 사항을 합의하게 됩니다. 이때 가격이 맞지 않는 경우 미련없이 포기할 줄 알아야 하며, 매입 가격은 최대한 보수적으로 낮게 제시하는 것이 좋습니다. 매도자의 입장에서는 다른 곳에서는 얼마의 견적이 들어왔으니 조금만 금액을 더 높게 적으면 계약을 하겠다는 경우도 있으니 추격매수는 금물입니다.

④ 계약 및 계약서 작성

론세일 계약 방식에서는 채권양수도계약서 작성과 채권양수도 서류인수가 필요합니다. 채무인수방식이나 사후정산방식은 채권 권리 계약서를 작성하고 입찰 이행 조건을 명시합니다. 사후정산방식이나 채무인수방식은 크게 권리를 주장하기 힘들지만, 론세일계약에서는 잔금일정이나 계약금의 비율 등을 조율이 충분히 가능합니다. 잔금일정을 기간을 미루면 미룰수록 NPL에 투입되는 비용을 줄일 수 있기 때문입니다.

⑤ 대금 지급

채권 매매(계약) 대금을 지급하고, 채무자에게 채권 양도 통지를 합니다(론세일 계약 방식일 때). 론세일 매입 방식 시 저당권 이전 등기 신청을 해야 합니다. 대금지급전에 론세일의 경우 근저당권부 질권대출을 받고 잔금일에 맞춰 잔금지급을 하게 됩니다.

⑥ 부실채권 매입 완료

론세일 방식일 경우 등기부에 저당권이 이전되면 담보부 부실채권 투자는 완료됩니다. 채무 인수 방식인 경우에는 등기부상 저당권자 명의 변경은 이루어지지 않습니다. 이후 배당 투자 또는 유입 중 수익률이 높은 쪽을 선택하면 됩니다.

- **입찰 참여**

부실채권 투자자는 경매에 직접 참여할 수도 있고, 배당금 수령 방식으로 참여할 수도 있습니다. 배당금 수령 방식에서는 투자자가 경매에 응찰하지 않고, 제3자가 해당 물건을 낙찰 받으면 배당과정에만 참여하여 배당금을 수령합니다. 낙찰 받지 못하더라도 배당금 수령에는 지장이 없습니다. 또한, 저당권자는 경매신청 권리가 있으므로 응찰했다가 낙찰 받지 못하면 경매를 취소시킬 권리도 있습니다.

- **낙찰완료**

저당권을 매입한 후 경매에 응찰하여 최고가 매수인이 되면, 잔금을 납부하고 배당을 받습니다. 이후 해당 부동산을 소유하거나 매각하는 선택을 할 수 있습니다. 이 과정에서 발생하는 수익을 통해 투자 수익을 실현할 수 있습니다.

부실채권 투자는 딱 두 가지로 나뉜다고 보면 될 것 같습니다. 배당투자를 할 것인지 유입투자를 할 것인지 파악해야 합니다. 유동화회사에서는 대부분 채권회수가 가능한 부실채권은 매각은 하지 않으며, 채무인수방식이나 사후정산방식 또한 모든 물건에 대해서 해당이 되지 않습니다. 유동화회사에서 채권회수가 불분명해질 때 채무인수방식이나 사후정산방식을 통해서 원금 손실을 줄이려 하기 때문입니다.

TIP

- NPL투자에 있어서 부실채권 매입채권 매물분석에서 90% 이뤄집니다. 따라서 부실채권 매입이 무엇보다도 가장 중요합니다.
- 손실리스크가 거의 없는 물건 중 아파트 채권의 경우에는 할인 매입이 어려우며 비아파트의 경우에는 물건별 할인이 가능할 수도 있습니다. 하지만 금융기관별 연체율에 따라서 부실채권을 매각하지 않고 연체이자까지 회수가 가능하다고 판단하여 매각하지 않는 사례도 있으니 유의해야 합니다.
- 유동화회사에서는 채권회수가 확실한 것은 대부분 매각을 하지 않고 채권매각이 어렵다고 판단이 되는 물건만 부실채권 매각을 하는 경향이 있습니다.

핵심만 짚는 OX 퀴즈

1. NPL 경매물건에 가등기가 설정된 경우, 이를 통해 채권 회수가 쉬워진다.
 [ ]

2. 부동산경매 진행중에 전세사기로 인해서 경매가 유예되는 것을 법원에서는 허용한다. [ ]

3. 저당권보다 우선하여 배당받는 권리자에는 주택 임차인의 소액보증금이 포함되지 않는다. [ ]

4. NPL 투자 시 공동투자로 돈을 모으는 과정에서 원금 보장이나 높은 수익율을 약속하는 경우, 이는 다단계 피라미드 사기일 가능성이 있다.
 [ ]

5. 배당표를 잘못 작성하면 큰 손해로 이어질 수 있다. [ ]

6. 채무자가 신용회복 절차나 파산 절차에 돌입하면 경매가 지연될 수 있다.
 [ ]

7. NPL 매입 후 배당금 수령까지 보통 6개월~12개월 소요되며, 회생이나 파산에 의해서 경매가 지연되면 그 이상의 기간이 소요된다. [ ]

8. NPL 물건 발굴 시 대법원 경매정보사이트는 사용할 수 없다. [ ]

9. 저당권자는 경매신청 권리가 있으며, 응찰했다가 낙찰받지 못하면 경매를 취소시킬 권리도 있다. [ ]

10. NPL 투자 시, 저당권자가 아닌 일반 응찰자는 배당에 관한 발언 및 이의 신청 자격이 있다. [ ]

정답: X / O / X / O / O / O / O / X / O / X

4장 NPL 실전, 반드시 승리하는 법

1. NPL 시장 투자 트렌드

최근 NPL 시장은 과열 양상을 보이며 담보부 부실채권의 평균 매각가격이 상승하고 있습니다. 부실채권에 대한 투자자들의 관심이 높아지면서 매입 경쟁이 치열해졌기 때문입니다. 이러한 상황에서 NPL 시장의 투자 트렌드와 관련된 몇 가지 주요 동향을 살펴보겠습니다. 필자는 현재 대부법인을 운영하고 있는데 매년 경매학원을 통해서 NPL교육을 수료하고 금융위원회 등록 대부법인이 늘어나고 있는 것을 실감하고 있습니다. 그만큼 많은 업체들이 생기는 만큼 경쟁도 더 심해질 것이라고 생각이 듭니다. 대부분의 경매학원에서는 최근에는 소유권을 취득하는 NPL투자 방법이 주된 내용인 것 같습니다. 아무래도 배당투자의 경우에는 이자제한법과 개인채무자보호법으로 인해서 수익성이 많이 나오지 않는 상황에서 유입취득을 통한 수익을 많이 내고 있는 것 같습니다.

- **매입경쟁의 치열화**

NPL에 대한 관심이 급증하면서 매입 경쟁이 치열해졌습니다. 투자자들은 더 많은 수익을 기대하며 부실채권 매입에 적극적으로 나서고 있습니다. 이로 인해 매도자가 제시하는 협상 가격이 상승하는 현상이 나타나고 있습니다. 매도자들은 경쟁이 치열해진 상황을 이용해 더 높은 가격을 요구할 수 있게 되었고, 부실채권의 평균 매각가격 상승으로 이어지고 있습니다.

- **유입투자 증가**

최근에는 이자제한법과 개인채무자보호법으로 인해서 유입투자가 증가를 하고 있습니다. 채무인수방식과 사후정산방식은 론세일 방식에 비해서 자금부담이 작아지게 되었으며 신탁소유의 신탁공매NPL도 이와 비슷하게 금융기관과 수의계약으로 유입투자가 가능합니다. 그렇지만 신탁공매NPL의 경우에는 어떠한 경우로 대출이 된 것인지 파악을 할 필요가 있습니다. 신축상가, 오피스텔, 다세대주택, 도시형생활주택이 방공제를 하지 않고 대출을 최대한 실행하기 위해서 하는 것이 신탁대출입니다. 신탁대출은 원금할인이 필수적으로 필요한 것이 많습니다. 신탁공매NPL의 경우에는 명도소송 리스크도 존재하니 매입전에 필수적으로 확인후에 NPL을 매입을 고려해야 합니다.

- 자금 동원 부담 완화

NPL투자에 있어서 가장 핵심은 소액으로 근저당권부 질권대출이라는 레버리지를 일으켜 투자를 하는 게 핵심입니다. 사후정산방식이나 채무인수방식도 동일합니다. 계약금10%만 있으면 나머지 90%는 근저당권부 질권대출과 동일한 방식으로 무이자로 채권을 매입한 효과를 만들어 낼 수 있습니다. 투자를 하면서 직접 응찰하는 경우 상계를 통해 자금 동원 부담이 작아지는 장점이 있습니다. 상계는 부실채권 매입자가 채권을 통해 담보부 물건을 취득할 때, 채권 금액을 상계하여 실제 현금 지출을 줄이는 방식입니다. 이를 통해 투자자들은 자금 동원 부담을 줄일 수 있으며, 더 많은 물건을 매입할 수 있는 기회를 가지게 됩니다.

- 양도소득세 절세

부실채권 투자자들은 고가 낙찰을 통해 양도소득세 절세 효과를 기대할 수 있습니다. 이러한 방식은 낙찰 받은 물건을 대출을 통해 레버리지를 발생시키기 위해 고가 낙찰을 활용하는 전략에서 기인합니다. 고가 낙찰을 통해 얻은 물건을 담보로 대출을 받으면, 투자자들은 더 많은 자금을 활용할 수 있게 되어 추가적인 투자 기회를 확보할 수 있습니다. 또한, 고가 낙찰로 인해 발생하는 양도소득세를 절세할 수 있는 효과도 기대할 수 있습니다.

2. NPL 투자 전 기본 세팅

NPL(부실채권) 투자는 고수익을 기대할 수 있는 매력적인 투자 분야입니다. 하지만 그만큼 리스크도 크기 때문에 철저한 분석과 전략이 필요합니다.

- **취득 목적 설정**

NPL 투자의 첫 단계는 명확한 취득 목적을 설정하는 것입니다. 이러한 부분은 투자 전략과 비용 산정에 직접적인 영향을 미칩니다. NPL은 앞에서 이야기했듯이 배당투자와 유입투자로 나뉘게 되니 취득을 어떻게 할 것인지 설정하는 것이 중요합니다.

① 배당투자수익

배당수익을 목적으로 하는 경우, 투자수익을 극대화하기 위해 자기자본이 얼마나 들어가며 예상 낙찰가와 배당분석을 철저히 해야 합니다.

② 담보물건 유입

담보물건을 유입하려는 경우, 자가 사용 용도인지 재매각 차익 실현용인지에 따라 전략이 달라집니다. 자가 사용 용도의 경우 취등록세 등의 비용을 감안하지 않은 금액과 주변 시세를 비교하는 것이 합리적입니다. 반면, 재매각 차익 실현용이라면 모든 비용을 감안한 금액과 시세를 비교해야 합니다.

- 권리분석

권리분석은 경매물건의 법률적 권리 내용을 분석하는 단계입니다. 이는 경매 낙찰 후 발생할 수 있는 권리의 하자를 미리 파악하기 위함입니다. 공신력 있는 매각물건명세서를 반드시 확인하여 경매물건의 권리 상태를 철저히 분석해야 합니다. 필자 역시 부동산경매에 대해서 많은 지식을 가지고 있지 않았습니다. 그렇지만 NPL매입을 위해서 하루에 수많은 물건을 권리분석하면서 권리분석을 하는 눈이 길러졌던 것 같습니다. 부동산경매를 처음 시작하면 쉽지 않습니다. 생소한 단어들이 많기에 어렵게만 느껴질 것입니다. 따라서 부동산경매는 외운다기보다는 자주 보고 직접 경험을 해봐야만 됩니다.

- 투입비 산정

항목	계산내역
① 질권대출외 필요분	채권매입비용-질권대출금액
② 대출이자	근저당이전일 ~ 배당기일
③ 등록세	채권최고액의 0.2%
④ 교육세	등록세의 20%
⑤ 법무사보수료	법무사 보수표에 따름

① 질권대출외 필요분 채권매입비용에서 질권대출을 통해 매입하는 자금을 해결하고 대출비율에 따라 추가적으로 투자금을 준비를 해야 합니다.
② 대출이자는 질권대출을 근저당이전일에 잔금을 실행하게 됩니다. 근저당이전일부터 배당기일까지 일수에 따른 이자를 계산합니다.

③ 등록세는 매입하는 NPL의 채권최고액의 0.2%를 곱하여 계산합니다.
④ 교육세는 등록세의 20%입니다.
⑤ 법무사 보수료는 아래와 같지만 보통 질권대출 실행하는 금융기관에 연계된 법무사를 많이 이용하게 됩니다.

과세표준액		산정방법		
	5천만원까지	210,000원		
5천만원 초과	1억원까지	210,000원	+ 5천만원초과액의	10/10,000
1억원 초과	3억원까지	260,000원	+ 1억원초과액의	9/10,000
3억원 초과	5억원까지	440,000원	+ 3억원초과액의	8/10,000
5억원 초과	10억원까지	600,000원	+ 5억원초과액의	7/10,000
10억원 초과	20억원까지	950,000원	+ 10억원초과액의	5/10,000
20억원 초과	200억원까지	1,450,000원	+ 20억원초과액의	4/10,000
200억원 초과		8,650,000원	+ 200억원초과액의	1/10,000

- 예상낙찰가 파악

예상낙찰가가 필요한 경우가 있고 필요하지 않는 경우가 있습니다. 예를 들어 10억의 아파트가 있다고 가정을 해보겠습니다. 1순위 근저당권의 경우 원금이 2억인 NPL을 매입한다고 가정을 하게 되면 예상 수익은 어느정도 확정하고 매입이 됩니다. 그렇지만 10억의 아파트가 8억에서 8억 5000만원 사이에서 낙찰이 된다고 가정을 하고 채권 매입을 7억5000만원에 하게 된다면 수익이 5000만원에서 1억이 남는다고 볼 수 있습니다. 그렇지만 입찰 당시 부동산 경기가 하락기라면, NPL 매입가와 부대비용을 고려했을 때 수익률이 낮아지거나, 오히려 손실위험이 발생할 수 있습니다.

TIP

NPL 투자는 경험이 중요한 분야입니다. 여러 건의 경험을 통해 실력을 키우고, 소액 투자부터 시작해보는 것이 좋습니다.
또한, 잘 아는 동네에서 시작하여 정보와 관리의 유리함을 최대한 활용하세요. 마지막으로, 자신만의 주종목을 갖추어 전문성을 키우는 것이 중요합니다. 아파트, 연립, 빌라, 다가구주택, 임야 등 다양한 종류의 부동산 중에서 자신에게 맞는 분야를 찾아 집중적으로 투자해보세요.

3. NPL 가격협상 전략

NPL(부실채권) 가격협상은 매우 복잡하고 세심한 주의를 요하는 과정입니다. 무조건 매입을 하기보다는 어떠한 곳에서 어떤 물건을 매수 해야 할지 고민을 해야할 것입니다.

- **수익방식 선택(배당투자, 유입투자)**

NPL을 매입해서 수익을 내는 방법에는 2가지 방법이 있습니다. 배당투자와 유입투자입니다. 배당투자는 매입하는 부동산의 예상낙찰가율을 어느 정도 예상하고 매입합니다. 예상낙찰가율을 파악할 수 있는 대표 물건이 바로 주거용부동산일 것입니다. 주거용부동산은 아파트와 비아파트로 나뉘게 되는데, 아파트의 경우 낙찰가율은 해당부동산의 주변 지역 낙찰가율 분석만 해보더라도 쉽게 파악됩니다. 그렇지만 유입투자를 한다는 것은 원금 및 연체이자가 채권자의 권리행사 금액내에서 낙찰이 이뤄짐을 뜻합니다. 배당투자는 원금과 연체이자를 낙찰가 이하에서 낙찰이 되지만, 유입투자는 채권자의 권리행사금액 내에서 이뤄지기 때문에 매입가격선정에 있어서 더 신중해야 할 것입니다.

- **연체율 높은 금융기관 파악**

NPL을 매입하기 위해서 금융기관에 전화를 해보면 난감한 일이 참 많습니다. NPL의 용어를 모르는 곳이 있을 뿐만 아니라, 어떠한 곳은 연체가 되면 NPL을 매각하지 않고 경매배당까지 가져간다고 이야기하는 곳도 많습니다. 여러 매체를 통해 NPL(부실채권)을 금융기관이 매각하지 못하면 큰일 나는 것처럼 보도되는 경우가 많지만, 사실 리스크 관리가 잘 되는 금융기관의 경우 연체 이율 또한 하나의 수익원이 되기 때문에 경매가 종료될 때까지 NPL을 보유하기도 합니다. 반면, 연체율이 높은 금융기관들은 부실채권을 보유하기보다는 할인 매각을 많이 하는 편입니다. 그러한 곳은 매입을 중점적으로 해야 하는 곳으로 아파트도 할인을 많이 할 수 있으니 옥석을 잘 가려 다양한 채널로 NPL 매입을 시도하는 것이 좋습니다.

- 연체이율 파악

예전 NPL투자는 높은 연체이율과 질권대출이자의 차액이 주된 수익원이었습니다. 이자제한법이 생기기 전에는 연체이자까지 양도인에게 지급하고 채권양수도계약을 하는 경우도 많았다고 합니다. 그렇지만 최근에는 이자제한법이 생기면 수익성이 크게 줄어든 것은 사실입니다. 연체이율은 채무자가 상환하지 못한 기간 동안 부과되는 이자율입니다. 연체이율이 높을수록 채권의 가치가 상승할 수 있습니다. 따라서 연체이율을 정확히 파악하고 이를 고려하여 가격을 협상하는 것이 중요합니다. 연체이자율은 이자제한법으로 인해서 정상이자에서 +3% 적용이 되니 연체이자 계산을 정확히 해야 합니다.

> 금융위원회고시 제2018-8호
>
> **대부업 등의 등록 및 금융이용자 보호에 관한 법률 시행령 제9조제3항제2호에 따른 여신금융기관의 연체이자율에 관한 규정 일부개정규정안**
>
> 대부업 등의 등록 및 금융이용자 보호에 관한 법률 시행령 제9조제3항제2호에 따른 여신금융기관의 연체이자율에 관한 규정 일부를 다음과 같이 개정한다.
>
> 제명 "대부업 등의 등록 및 금융이용자 보호에 관한 법률 시행령 제9조제3항제2호에 따른 여신금융기관의 연체이자율에 관한 규정"을 "대부업 등의 등록 및 금융이용자 보호에 관한 법률 시행령 제9조제4항에 따른 여신금융기관의 연체이자율에 관한 규정"으로 한다.
>
> 제1조 중 "제9조제3항제2호에"를 "제9조제4항에"로 한다.
> 제2조 중 "제9조제3항제2호에"를 "제9조제4항에"로 한다.
> 제3조를 다음과 같이 한다.
> 제3조(연체이자율의 상한 등) ① 시행령 제9조제4항에 따른 연체이자율은 대부이자율에 연체가산이자율을 합산한 이자율로서 이 경우 <u>연체가산이자율은 연 100분의 3</u>을 말한다.
> ② 연체 발생 시점에 대부이자율이 없는 경우에는 다음 각 호에 해당하는 금리를 대부이자율로 적용한다.
>   1. 금융회사의 자금 조달원가 및 연체 전 개인 신용도 등을 고려한 금리로서 다음 각 목의 구분에 따른 금리
>   가. 「여신전문금융업법」에 따른 신용카드업자가 취급하는 상품 중 일시불

여신금융기관의 연체이율에 관한 규정

- 선순위배당액 부담주체 확인

선순위배당액은 해당 부실채권보다 우선적으로 배당 받을 금액을 의미합니다. 이를 정확히 확인하고, 선순위배당액의 부담주체를 명확히 해야 합니다. 채권의 실제 가치를 산

정하는 데 중요한 요소입니다. NPL을 매입하면서 선순위배당이 되는 것을 한번 더 정리하자면 경매비용, 당해세, 최우선변제금액, 임금채권이 있습니다. 당해세는 차주가 법인일 경우에는 종합부동산세까지 있으니 확인이 꼭 필요합니다. 실무에서는 이러한 선순위 배당액은 채권 매입하는 계산을 하여 최종적으로 얼마에 매입을 할지 계산을 하게 됩니다. 선순위배당액이 많다면 원금을 할인이 많이 필요하게 됩니다. 기본적으로 배당의 순위에 관해서는 양수인 뿐만 아니라 양도인도 충분히 알기에 할인을 요구할 수 있는 부분은 충분히 어필을 할 수가 있습니다.

가격협상 시 유의할 점

매수자는 자산관리회사를 통해 NPL 물건의 가격을 협상할 때 권리상 하자 유무, 물건에 대한 수익성, 안정성, 환금성을 파악하여 적정한 가격을 흥정하게 됩니다. 자산관리회사에서는 매수인이 얼마에 살 것인가를 먼저 묻기 때문에 사전에 적정한 부실채권 가격을 분석하여 최적의 금액을 제시해야 합니다.

계약서 작성 시 유의사항

계약서에는 채무자의 재무 상태, 변제자력, 양도 대상 채권 및 담보권과 관련된 조건, 집행 가능성 대항 요건, 양도 대상 채권 및 담보 관련 문서의 정확성, 명도 책임 등 중요한 내용을 빠짐없이 명시해야만 추후 경매 절차에서 하자로 인한 손실을 줄일 수 있습니다. 계약의 안전성과 신뢰성을 확보하는 데 필수적인 요소입니다.

4. 채권 양도·양수 시 주의사항

- 채권의 양도와 효력

채권 양도는 채권자(양도인)가 채권을 제3자(양수인)에게 이전하는 법률 행위로, 이를 통해 양수인은 양도인의 권리를 승계 받습니다. 이때 채권의 양도가 효력을 갖기 위해서는 아래와 같은 절차가 필요합니다.

① 확정일자가 있는 양도통지를 양도인 명의로 발송해야 합니다. 이 통지가 채무자에게 송달되거나 채무자의 승낙이 있으면, 채무자에 대해 대항요건이 발생하게 됩니다. 즉, 채무자는 채권 양도를 인정하고 양수인에게 채무를 이행해야 하는 법적 의무를 지게 됩니다.

② 채무자 이외의 제3자에 대해서는 양도통지가 채무자에게 송달되거나 승낙된 시점을 기준으로 우선순위가 결정됩니다. 따라서 양도통지의 시기와 방법에 따라 양수인의 권리 보호가 달라질 수 있으므로 주의가 필요합니다.

- 근저당권 양수 시 주의할 점

근저당권 양도·양수는 일반 채권 양도와는 다른 복잡성을 가집니다. 근저당권을 양수받을 때는 다음과 같은 사항에 유의해야 합니다.

① 근저당을 양수받는 경우 피담보채권의 원금과 이자 부분이 채권최고액의 범위 내에서 우선변제를 받을 수 있습니다. 그러나 등기부상에 등기된 채권만 있는 것이 아니므로, 선순위 채권이 있는지 여부를 반드시 확인해야 합니다. 특별우선채권(최우선변제금, 당해세 등)과 조세채권(법정기일이 앞선), 임차인의 보증금채권 등이 있는지 고려하여 투자대상을 신중하게 결정해야 합니다.

② 선순위 채권의 발생여부를 사전에 철저히 검토하고 대출을 실행해야 합니다. 이를 통해 예상치 못한 손실을 방지할 수 있습니다.

- 근저당권 대항요건을 갖추는 법

근저당권이나 담보가등기, 전세권 등의 담보물권의 경우, 채권을 양도·양수할 때 담보물권의 이전등기 없이 채무자에게 양도 통지하는 것만으로도 채무자에 대한 대항요건을 갖출 수 있습니다. 하지만 이런 경우 피담보채권만 양도된 것으로 간주되며, 우선변제권이 있는 근저당권을 양도받은 것으로 볼 수 없습니다.

따라서 반드시 채권양도와 동시에 근저당권을 부기등기 형식으로 이전받아야 합니다. 근저당권까지 이전받은 경우에도 채무자에게 양도통지를 해야만 채무자뿐만 아니라 제3취득자에 대해서도 대항력을 갖게 됩니다.

결정문으로 효력이 발생하는 것이 아니라, 이 결정문이 채무자에게 송달되어야 그 효력이 발생합니다. 따라서 결정문 송달 절차를 철저히 확인해야 합니다. 또한, 근저당권의 피담보채권금액이 양수 시 예상한 금액과 채무자의 실제 채무금액이 다를 경우 다툼이 발생할 수 있습니다. 이를 예방하기 위해서는 채무자의 승낙이나 양도통지가 채무자에게 송달되는 과정을 확인하고, 근저당권의 매매대금을 지급해야 합니다.

확정채권양도통지서

수 신 (채무자)
성 명 :
주 소 :

양도채권의 표시 : 채권자가 채무자에 대하여 가지는 붙임의 대여금청구채권 및 근저당권

귀하에 대한 채권의 전부 및 이와 관련된 일체의 권리(붙임명세 참조)를 2024.12.11 일자로 채권 등 양수도 계약에 의거 양도인인 신용협동조합 은 양수인인 주식회사 대부 앞으로 양도하였음을 통지합니다. 위 확정채권양도에 따라 채권의 모든 원금, 이자, 지연이자 및 보증인에 대한 권리, 기타 존재하는 담보권 및 이에 수반하는 모든 권리는 양수인에게 이전되었으므로 위 채권양도일로부터 귀하께서는 주식회사 대부 앞으로 채무원리금을 상환하여 주시기 바랍니다.

※ 채권양도시 신용정보의 이용 및 보호에 관한 법에 따라 다음과 같이 신용정보도 이전 됨을 알려드립니다.

개인신용정보를 제공하는 자 : 신용협동조합
개인신용정보를 제공받는 자의 이용 목적 : 채권양도와 관련된 채권추심
제공받는 개인신용정보의 항목 : 대출 및 보증에 관한 일체의 개인신용정보

붙임 : 양도채권명세 1부.

2024. 12. 18 일

채권자 겸 양도인
신용협동조합

위 임 장

채권자 겸 근저당권자 유천신용협동조합 은 아래의 각 자에게 위 채권양도통지에 대한 모든 행위를 위임한다.

대리인
(양수인 겸 발신인) 주식회사   대부

2024. 12. 18 일

위임인   신용협동조합

확정 채권 양도통지서

양 도 채 권 명 세

1. 양도채권명세

2024. 12. 18. (단위: 원)

대출종류/대출일자	원 금	이 자	비 용	합 계
	700,000,000	27,884,486	3,963,365	731,847,851
합 계				

2. 부동산표시

1. 1동의 건물의 표시

[도로명주소]
전유부분의 건물의 표시
 1. 건물의 번호 :
    구조 및 면적 : 철근콘크리트벽식조 164.2368㎡
 전유부분의 대지권의 표시
  토지의 표시
   1. 대 77324.2㎡
      대지권의 종류: 소유권
      대지권의 비율: 77324.2분의 102.56

3. 근저당권 내역

2021년 6월 29일 접수 제　　호 근저당권설정

채권최고액 금 840,000,000원

양도 채권 명세

- 채무자의 승낙 방식으로 채권을 양수받는 법

후일 다툼을 예방하기 위해서는 채무자의 승낙 방식으로 채권을 양수받는 것이 좋습니다. 양수채권이 경매 중에 있다면, 양도인이 법원에서 다른 채권 내역을 열람 복사 신청하고 예상 배당표를 작성한 뒤 양도받는 채권이 보장되는 선에서 근저당권의 매매원금과 이자 부분을 정확하게 산정해야 합니다. 양도양수계약서를 작성하여 분쟁을 최소화해야 합니다.

- 채무자 양도통지는 양도인 양수인 둘 중 누가?

채권양도통지는 원래 양도인이 해야 합니다. 하지만 일반적으로는 채권양도계약을 체결한 후, 양수인이 채권양도통지서를 작성하여 통지하는 경우가 많습니다. 이렇게 양수인이 통지를 할 경우, 판례에 따르면 채무자에게 채권양도 사실을 주장할 수 없습니다. 따라서 양수인은 양도인으로부터 채권양도계약 통지의 대리권을 수여받고, 자신이 양도인의 대리인임을 밝혀야 합니다. 그러나 이러한 양도통지의 의무를 이행하지 않고 추후에 배당시점이나 분쟁의 소지가 있으니 양도통지는 필수적으로 해야 합니다.

5. 질권대출로 레버리지 달성

NPL(부실채권) 투자에서 자금 조달은 중요한 요소입니다. 충분한 자금력이 없다면 투자 기회를 놓칠 수 있기 때문에, 이를 해결하기 위한 방법으로 질권대출을 활용할 수 있습니다. 질권대출을 통해 레버리지를 사용하면 적은 자본으로도 큰 투자를 할 수 있는 기회를 잡을 수 있습니다.

- 근저당권부 질권대출의 이해

부실채권을 매입하는 투자자가 자금력이 부족한 경우, 신협, 수협, 저축은행, 캐피탈 등을 통해 매입한 근저당권 채권금액의 75~90% 이내로 질권 대출를 받을 수 있습니다. 투자 원금을 줄여주어 자금 부담을 덜 수 있는 좋은 방법입니다.

◎ 금융위원회 공고 제2024 - 224호

「개인금융채권의 관리 및 개인채무자 보호에 관한 법률 시행령」 제정령안 입법예고, 「개인금융채권의 관리 및 개인채무자 보호에 관한 감독규정」 제정안 행정예고를 하는데 있어, 그 이유와 주요내용을 국민에게 미리 알려 이에 대한 의견을 듣기 위하여 「행정절차법」 제41조 및 제46조에 따라 다음과 같이 공고합니다.

2024년 7월 5일
금융위원장

「개인금융채권의 관리 및 개인채무자 보호에 관한 법률 시행령」 제정령안 입법예고 및 「개인금융채권의 관리 및 개인채무자 보호에 관한 감독규정」 제정안 행정예고

1. 개정이유

「개인금융채권의 관리 및 개인채무자 보호에 관한 법률」이 '24.10.17일 시행됨에 따라 법에서 시행령에 위임한 사항과 시행령에서 감독규정에 위임한 사항을 구체적으로 정하기 위함

2024년 10월 17일부터 개인금융채권의 관리 및 개인금융채무자의 보호에 관한 법률이 시행이 되면서 부실채권을 투자함에 있어서 제약이 걸렸습니다. 그 이유는 기존의 근저당권부 질권대출이 80%~90% 질권대출이 가능하던 것이 개인차주는 최대 75%까지 근저당권부 질권대출이 축소가 되어서 부실채권을 투자함에 있어 큰 걸림돌이 생긴 것 입니다.

> **개인금융채권의 관리 및 개인금융채무자의 보호에 관한 법률** (약칭: 개인채무자보호법)
> [시행 2024. 10. 17.] [법률 제20369호, 2024. 2. 27., 타법개정] [전체조문보기 🔍]
>
> **제24조(담보조달비율)** ① 대부채권매입추심업자가 매입하려는 채권의 대금 중 매입하려는 채권을 담보로 조달한 자금의 비율(이하 "담보조달비율"이라 한다)은 100분의 75 이하의 범위에서 대통령령으로 정하는 비율을 초과하여서는 아니 된다.

개인채무자보호법이 시행이 되면서 론세일방식으로 부실채권을 매입하게 되면 근저당권부 질권대출이외 추가적으로 필요한 자금이 많이 발생이 되었습니다. 그렇게 되면 수익성 하락이 되면서 원금할인이 수반이 되지 않으면 만족할만한 수익성이 나오지 않게 되었습니다. 분명한 것은 기존의 금융위원회 등록 대부법인이 과열된 경쟁이 되었지만 이러한 법률이 제정됨으로써 하나의 큰 허들이 생기게 된 것입니다. 자본력이 되지 않는 대부법인의 경우에는 부실채권 매입이 사실상 불가하게 된 것입니다.

- 근저당권부 질권대출의 장점과 유의사항

근저당권부 질권대출을 활용하면 적은 자본으로도 NPL 투자를 할 수 있는 장점이 있지만, 몇 가지 유의사항도 함께 고려해야 합니다.

① 권리상 하자 여부 파악

NPL 물건 자체에 하자가 있는지, 근저당권부 질권설정자의 신용도 및 소득 부분을 미리 파악해야 합니다. 이를 위해 질권 금융기관에 융자가 가능한지 여부를 사전에 확인하는 것이 중요합니다.

② 상계처리 동의 확인

은행에서 상계처리 동의를 하지 않는 경우가 많으므로, 질권계약 시 상계처리 동의를 받을 수 있는지 확인해야 합니다. 상계처리 동의는 대출금 상환 시 채권액만큼 상계처리를 할 수 있게 해주는 중요한 요소입니다.

③ 대출조건파악하기

실무에서 가장 중요한 것은 대출금리일 것입니다. 금액이 작고 기간이 짧다면 크게 상관이 없겠지만 근저당권부 질권대출을 보통 1년 내외로 이용합니다. 그렇지만 항상 NPL투자는 언제나 생각처럼 진행이 되지 않을 때가 많습니다. 그 예로 대출이후 개인회생이나 임차인의 전세사기피해자로 인정이 되어 경매유예신청이 될 경우에는 기간이 생각보다 더 길어지게 됩니다. 그렇기 때문에 대출

금리가 최대한 저렴한 쪽으로 하는 것이 좋습니다. 일부 금융기관에서는 중도상환수수료도 있으니 조건을 파악하고 대출 실행을 하는 것이 좋습니다.

- 근저당권부 질권대출은 어디에서 가능하나?

우리가 보통 알고 있는 금융기관은 1금융권이라고 불리는 시중은행과 2금융권인 상호금융권으로 구분됩니다. 1금융권에서는 근저당권부 질권대출을 취급하지 않고 보통 2금융권인 상호금융권에서 취급을 하고 있습니다. 최근에는 대출금리가 많이 낮아진 상태입니다. 2023년도의 경우에는 근저당권부 질권대출금리가 10%에 육박할 정도로 고금리 상태였지만 최근에는 금리가 6%~8%사이로 많이 내려온 상태입니다.

- 근저당권부 질권대출은 왜 중요할까요?

근저당권부 질권대출은 부실채권 투자에 있어서 꼭 필요한 요소입니다. 부실채권을 매입을 하려는데 부실채권 매입금액이 1억~2억은 어떻게 대출 없이 가능할 수도 있겠지만 5억, 10억, 20억처럼 매입금액이 높다면 자기자본만으로는 분명 힘들 것입니다. 그렇기 때문에 꼭 필요한 것이 바로 근저당권부 질권대출입니다. 근저당권부 질권대출은 수익률 면에서 분명한 차이를 보이고 있습니다. 예를 들어 근저당권부 질권대출의 금리가 2% 정도 차이가 난다고 해도, 1년 이상이 지나면 수익률에서 큰 차이가 발생합니다. 따라서 여러 금융기관의 대출 조건과 금리를 미리 비교해 확인해 두는 것이 좋은 방법입니다. 저축은행과 캐피탈, 신협, 수협에서 근저당권부 질권대출을 취급하고 있습니다. 현재 필자가 거래하고 있는 근저당권부 질권대출 금융기관을 네이버카페 '이음투자연구소'(https://cafe.naver.com/fmssanta)에서도 주기적으로 업데이트를 하고 있으니 참고 하시면 될 것 같습니다.

6. 대위변제
(대부법인 없이 부실채권투자방법)

- 대위변제란?

대위변제는 채무자가 아닌 다른 사람이 채무자 대신 채무를 변제하는 것을 말하며 이며 채무를 변제한 사람은 채권자의 지위를 대신하게 됩니다. 필자는 NPL 교육을 마친 뒤 채무자에게 편지를 보내서 대위변제를 시도를 했습니다. 당시 금융위원회등록 대부법인이 없었기 때문에 대위변제를 통해서 부실채권을 매입하고 배당으로 엑시트를 하는 방법을 고려를 했습니다. 당시 부실채권교육을 듣던 동기가 대위변제를 통해서 부실채권을 매입하고 엑시트까지 했던 기억이 납니다.

a) 임의대위(민법 제480조)

임의대위는 변제할 정당한 이익이 없는 자가 채무자를 위해 변제하는 경우를 의미합니다.

- 변제자가 변제할 정당한 이익이 없는 경우, 채권자의 승낙과 채무자의 동의가 필요합니다. 승낙은 변제와 동시에 이루어져야 하며, 채권자는 정당한 이유 없이 승낙을 거절할 수 없습니다.
- 채권자의 승낙과 채무자의 동의 하에 변제가 이루어지면 채권자의 채권은 민법 제482조에 의해 자동으로 변제자에게 이전됩니다. 채무자 및 제3자에게 대항하기 위해서는 대항요건을 충족해야 합니다. 채권자가 채무자에게 대위의 통지나 채무자의 대위 승낙이 있어야 하고, 제3자에게 대항하기 위해서는 그 통지나 승낙의 확정일자가 있는 증서가 필요합니다.

> **민법 제469조(제삼자의 변제)**
> 1. 채무의 변제는 제삼자도 할 수 있다. 그러나 채무의 성질 또는 당사자의 의사표시로 제삼자의 변제를 허용하지 아니하는 때에는 그러하지 아니하다.
> 2. 이해관계 없는 제삼자는 채무자의 의사에 반하여 변제하지 못한다.

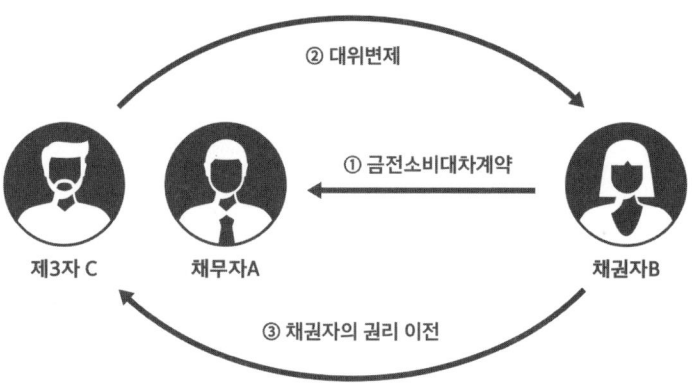

b) 법정대위(민법 제481조)

- 법정대위는 변제할 정당한 이익이 있는 자가 채무자를 위해 변제하는 경우를 의미합니다.
- 변제할 정당한 이익이 있는 자는 채권자로부터 집행을 받게 되거나, 채무자에 대한 자신의 권리를 상실하게 되는 지위에 있는 자를 말합니다. 예를 들어, 불가분채무자, 연대채무자, 보증인, 물상보증인, 담보물의 제3취득자 등이 이에 해당합니다.
- 법정대위는 임의대위와 다르게 채무자나 제3자가 대위의 발생 여부를 예상할 수 있기 때문에 제3자에 대한 대항요건은 요구되지 않습니다.

- 임의대위와 법정대위의 차이

구분	임의대위변제 투자	법정대위변제 투자
대위변제 금액	원금·연체이자·경매비용 전액	좌동
투자자	부실채권과 이해관계 없어도 누구나 투자 가능	부실채권을 변제할 정당한 이익이 있는 이해관계인으로 한정
업무 협조	채무자 및 채권자 협조 필요	채권자 협조 필요
채무자 동의	필요	필요 없음
투자 대상 물건	채무금액이 부동산 시세를 초과한 채무 과다 물건	선순위 이해관계가 있는 물건으로 한정
기타	민법 제469조 (제삼자의 변제) ① 채무의 변제는 제삼자도 할 수 있다. 그러나 채무의 성질 또는 당사자의 의사표시로 제삼자의 변제를 허용하지 아니하는 때에는 그러하지 아니하다. ② 이해관계 없는 제삼자는 채무자의 의사에 반하여 변제하지 못한다.	① 후순위 담보권자 (후순위 근저당권자) ② 후순위 임차인 ③ 해당물건 제3취득자 ④ 연대 보증인, 채무자 ⑤ 물상보증인 ⑥ 불가분 채무자 ⑦ 약속어음 발생 및 배서인

고수의 Tip

개인이 NPL을 매수해서 배당투자를 할려면 근저당권부 질권대출 활용이 되지 않습니다. 근저당권부 질권대출이 되지 않는다면 대출레버리지를 활용해서 수익을 내기 힘듭니다. 개인의 경우 신용대출 및 아파트 후순위 대출을 활용해서 근저당권부 질권대출처럼 레버리지를 일으켜서 부실채권을 매입이 가능합니다. NPL투자는 레버리지투자라는것을 명심하시기를 바랍니다.

사례

필자는 NPL교육을 수료한 뒤 임의대위변제를 시작을 했습니다. 처음에는 대부법인이 있었던 것도 아니기 때문에 지금 생각해보면 무엇이든 해보려고 노력을 했었던 것 같습니다. 처음에는 집 주변에 살고 있는 아파트의 1순위 근저당권 안전하게 배당으로 수익을 낼 수 있는 물건을 컨택했습니다.

경남 창원시 마산합포구 오동동에 위치한 아파트입니다. 당시 경매가 시작이 되었고 1회가 유찰이 되고 2차 매각기일이 얼마 남지 않은 상황이었습니다. 채무자의 집에 우편으로 대위변제의사를 밝혔습니다. 그 결과 연락이 오게 되었습니다. 채무자는 당시 와이프와 이혼을 하고 아들과 노부모를 모시고 살고 있었습니다. 다른 조건은 없었습니다. 단지 오랫동안 집에서 살고 싶다는 조건이었습니다. 그런데 시간적으로 촉박했습니다.

> | 2019-07-11 | 채권자 이○○○○○○○○○○○○○○○ 채권자변경신고서 제출 |
> | 2019-07-11 | 채권자 이○○○○○○○○○○○○○○○ 채권자변경신고서 제출 |
>
> 문건접수내역을 통해서 채권자 변경신고서가 제출이 된 것을 확인할 수 있습니다.
> 채무자를 통해서 대위변제금액을 확인을 하고 유동화회사에 담당자 연락처도 받았습니다. 담당자를 통해서 대위변제금액을 확인하고 며칠 동안 대위변제를 위해서 질권대출을 하는 곳을 찾았지만 없었습니다.
> 그러던 사이 경매는 낙찰이 되어서 대위변제는 실패로 돌아가게 되었습니다. 결과는 대위변제를 통해서 매입은 실패로 돌아갔지만 많은 것을 경험하게 만든 첫 사례인 것 같습니다.

- 대위변제의 단점

위 사례에서 대위변제를 성공하지 못했지만, 실패를 통해서 어떠한 점에서 부족했는지 생각을 하게 되었습니다.

① 유동화회사의 비협조적

앞에서 이야기했듯이 이미 농협의 부실채권이 유동화회사로 넘어간 상태였습니다. 그런데 유동화회사에서는 부실채권매각에 상당히 비협조적이었습니다. 그래서 부실채권을 매입하는데 불편함이 많이 있었습니다.

② 부실채권 금액의 협상

경험이 하나씩 축적이 되고 나면 상황이 달라지지만 처음 대위변제를 할때는 1원도 할인이 되지 않았습니다. 대위변제 하는 당일까지의 이자를 계산하여 요구를 하였습니다. 아무래도 1순위 근저당권자인 농협에서 채권은 손실리스크가 없었기 때문입니다. 추후 대부법인 설립을 통해서 여러 건의 부실채권을 대위변제 진행했을 때도 할인이 가능한 경우도 있지만 대부분 할인자체가 안됩니다. 이러한 부분이 대위변제의 단점입니다.

③ 근저당권부 질권대출의 대부법인이외 불가

실질적으로 NPL투자는 레버리지를 활용해서 투자를 해야 하는데 개인으로 진행하는 대위변제는 질권대출이 불가하다 보니 전액 현금이 필요하게 됩니다. 질권대출이 불가하다면 사실상 NPL투자가 의미가 없어집니다.

7. 금융위원회 등록 대부법인 설립하기

- 어떤 대부업을 해야 할까요?

대부업이란 『대부업 등의 등록 및 금융이용자 보호에 관한 법률』에서 금전의 대부(어음할인·양도담보, 그 밖에 이와 비슷한 방법을 통한 금전의 교부를 포함)를 업(業)으로 하거나 대부계약에 따른 채권을 양도받아 이를 추심하는 것을 업으로 하는 것을 말합니다. 위 내용과 같이 부실채권을 매입 매각하는 업무를 하려면 금융위원회등록 대부법인을 설립해야 합니다.

- 자본금 제한요건

금융위원회등록 대부법인은 2016년 7월 대부업법 변경으로 자본금에 대한 규정이 생겼는데 채권추심 또는 부실채권(NPL) 매입목적으로 하는 대부업은 자본금 5억원 이상입니다.

- 고정사업장의 조건

소유, 임차등의 방법으로 6개월 이상의 사용권을 확보한 고정사업장을 갖출 것
① 건축법에 따른 단독주택, 공동주택, 숙박시설 불가
② 고정사업장은 건축물대장상 구분되어야 함
③ 고정사업장이 구분등기 되어있지 않은 경우에는 해당 고정사업장이 벽으로 구분되어 있고 외부로 통하는 별도의 출입문이 존재하여야 함

- 대부업 교육이수 조건

대표자 및 업무총괄사용인은 한국대부금융협회 홈페이지(www.clfa.or.kr)에서 온라인 교육을 먼저 이수하고 집합교육에 참석해야 하며 온라인 교육은 신청 후 30일이내에 집합교육은 온라인 교육 완료 후 3개월 이내에 이수해야 합니다.

- 겸업금지 사항

① 전기통신사업, 사행사업, 단란주점 및 유흥주점, 다단계 판매업등의 업종을 겸업하지 않을 것
② 대부업(금전대부업, 대부채권매입추심업, 대부중개업등) 온라인 대출정보연계대부업(P2P연계대부업, 온라인대출정보연계대부업은 2020. 8. 27 부터 온라인투자연계금융업법의 적용을 받음) 간 겸업금지

핵심만 짚는 OX 퀴즈

1. NPL 시장에서 부실채권에 대한 투자자들의 관심이 줄어들고 있다.
[   ]

2. 투자자들은 경매를 통해 직접 부동산을 취득하려는 경향이 증가하고 있다. [   ]

3. 상계를 통해 자금 동원 부담을 줄일 수 없다. [   ]

4. NPL 투자의 기본 세팅 중 하나는 취득 목적을 설정하는 것이다.
[   ]

5. 권리분석은 경매물건의 법률적 권리를 철저히 분석하여 권리의 하자를 미리 파악하는 과정이다. [   ]

6. NPL 가격협상 전략에서 채권원금과 이자를 정확히 파악하여 협상하는 것은 중요하지 않다. [   ]

7. 질권대출을 활용하면 적은 자본으로도 NPL 투자를 할 수 있다. [   ]

8. 방어입찰은 경매에서 높은 낙찰가로 손해를 예방하는 방법이다. [   ]

정답: X / O / X / O / O / X / O / X

5장 고수가 풀어주는 NPL 실전 사례

1. 4300만원 투자해서 1억4400만원 배당 받은 사례(4개월 만에 335% 수익률)

- 사례 소개

2023년, 전국적으로 부동산 하락기를 겪고 있던 시기, 필자는 ○○수협과 론세일을 통해 2순위 근저당권을 양수도 계약을 체결하였습니다. 이 사례는 4개월 만에 4,300만원을 투자하여 1억 4,400만원을 배당받아 약 1억 100만원의 순이익을 얻은 성공적인 투자 사례입니다.

세입자현황					
설립일자	권리자	권리종류	보증금	신고	대항력
전입 2022년 10월 6일	최OO	주거 임차인	보증금 30,000,000원 월세 2,100,000원	O	없음
확정 2022년 10월 6일					
배당 2022년 8월 4일					

해당 부동산은 서울 ○○구에 위치한 2007년식 아파트로, 초등학교를 품고 있으며 실거주로도 나쁘지 않은 상태였습니다. 이 아파트에는 ○○수협보다 우선순위를 가진 1순위 우리은행이 있었으며, 우리은행은 배당기일까지 대략적으로 88,000,000원 원리금 다음은 임차인 보증금 30,000,000원이 최우선변제금으로 수협보다 먼저 배당이 되는 것으로 확인이 되었습니다.

을6	2015-10-08	(근)저당	우리은행	88,000,000원
을11	2021-10-07	(근)저당	OO수협	420,000,000원
을12	2022-06-21	(근)저당	OO수협	168,000,000원
을13	2022-08-30	(근)저당	OO수협	372,000,000원
을15	2023-05-12	가압류(지분)	서울보증보험	298,733,175원
갑16	2023-07-26	임의경매	OO수협	청구:811,240,049원

○○수협의 경매 청구금액은 811,240,049원이었으며, 이외 당해세는 존재하지 않았습니다. 임차인의 보증금과 우리은행 배당을 합하면 118,000,000원과 합산하면 총

929,240,049원이 됩니다. 당시 해당 부동산의 시세는 900,000,000원에서 1,000,000,000원이었으나, 서울의 부동산 시장이 하락하였기 때문에 예상 낙찰가는 850,000,000원으로 예상을 했습니다. ○○수협 채권관리팀과 협상 끝에 원금 이하 할인이 된다면 매입을 결정을 했습니다.

차주명	대출 과목	계좌 번호	대출 약정액	최초 대출일	대출 만기일	연체 이율	원금 잔액 (A)	미수 이자 (B)	가지급금 잔액 (C)	채권액 합계 (A+B+C)	소멸 시효 완성 여부	매각 금액
	기업운전 일반자금					9.51	350,000,000	17,066,598	7,634,870	374,701,468	부	
						9.67	310,000,000	15,578,811	-	325,786,811	부	600,000,000
						10.03	140,000,000	6,864,627	-	146,864,627	부	
합계		3건					800,000,000	39,510,036	7,634,870	847,352,906		

이러한 상황에서 필자는 ○○수협의 부실채권을 할인 매입하여 수익을 내고자 했습니다. NPL(부실채권) 투자의 핵심은 할인율에 있으며, ○○수협의 미회수 원리금에 대해서 정리를 하자면 원금 800,000,000원, 미수이자 39,510,036원, 가지급금 7,634,870원을 합하면 총 847,144,906원이 됩니다.

이 금액으로 매입하면 손실이 불가피하므로, 협상 끝에 600,000,000원에 매입하였습니다.

항목		금액
투입비	투입비	20,000,000
	대출이자	18,162,740
	등록세	1,920,000
	교육세	384,000
	주택채권	1,248,000
	제증명&법원증지	65,000
	법무사보수료	1,173,600
합계		42,953,340

부실채권 투자의 또 다른 핵심은 근저당권부질권대출을 활용하여 최대한 레버리지를 일으키는 것입니다. 필자는 600,000,000원에 부실채권을 매입한 후, 캐피탈에서 580,000,000원의 근저당권부질권대출을 받았습니다. 실제로 채권을 매입하는 데 필요한 비용은 20,000,000원이었으며, 추가적인 근저당 이전비용이 발생되었습니다.

채권 매입비용과 근저당권부질권대출을 뺀 나머지 금액은 20,000,000원, 근저당 이전비용은 4,790,600원이었습니다. 또한, 배당기일까지 소요된 근저당권부질권대출 이자는 18,162,740원이 발생하였습니다. (580,000,000 * 9%) / 365 * 127일 = 18,162,740원. 총 42,953,340원의 투입비가 발생하였습니다.

결과적으로, 경매신청권자인 ○○수협(양수인: D대부법인)에서 경매비용 7,634,870원과 배당금액 137,215,130원을 합하여 총 144,850,000원을 배당 받았습니다. 이로써, 127일 만에 약 4,300만원을 투자하여 1억 4,400만원의 수익을 얻은 사례가 완성되었습니다.

낙찰금액			835,100,000
배당	경매비용	7,634,870	827,465,130
	최우선변제	30,000,000	797,465,130
	Woori은행	80,250,000	717,215,130
	근저당권부질권(J캐피탈)	580,000,000	137,215,130
	OO수협(양수:D대부법인)	137,215,130	

이 사례는 부동산 하락기에도 불구하고 금융기관과의 협상을 통해 저렴하게 채권을 매수하고, 근저당권부질권대출을 활용하여 소액 투자를 통해 높은 수익을 얻을 수 있음을 보여줍니다. NPL 투자의 핵심인 할인율과 레버리지 활용의 중요성을 잘 보여주는 성공적인 투자 사례입니다.

투자 고수의 꿀팁

① 투자금 최소화
- 근저당권부 질권대출을 활용하여 본인 투자금을 5% 미만으로 줄이고 수익률을 최대한 끌어올릴 수 있었습니다.

② 협상 통한 수익 극대화
- 부실채권을 협상하여 최대한 할인을 받아 수익을 극대화하는 것이 핵심입니다.

③ 투입비용 절감
- 매입 시기에 따른 근저당권부 질권대출 이자를 줄여 수익률을 더욱 높일 수 있습니다.

2. 1타2피, 한 채무자에게
   두 건의 임의대위변제로 수익 낸 사례

- 사례 소개

저는 개인적으로 NPL 투자가 어렵지 않다고 생각합니다. 핵심만 알고 있다면 쉽게 투자할 수 있습니다. 다만, NPL 투자를 위해 법인을 만들어야 하는데, 채권매입추심업법인 설립에 있어 자본금과 등록에 걸리는 시간이 상당하여 고민이 많을 것입니다. 하지만 개인이 NPL 법인이 없다면 대위변제를 통해 투자할 수 있습니다. 다만 근저당권부질권대출이 되지 않기에 투자금의 압박이 있습니다.

저도 처음 NPL을 배우고 얼마 지나지 않아 임의대위변제로 부실채권 매입을 시도했습니다. 채무자에게 연락을 많이 받앉고 실제 매입까지 진행할 수 있었지만, NPL 대부법인이 없어서 진행하지 못한 기억도 있습니다. 여기서는 NPL 대부법인이 없는 개인이 부실채권을 매입한 케이스를 설명 드리겠습니다.

- **임의대위변제를 통한 부실채권 매입**

    지인의 경우 임의대위변제를 위해 채무자들에게 다양한 우편물을 보냈고, 그 중 몇 명과 연락이 닿아 임의대위변제를 성공했습니다. 부실채권을 매입했지만, 질권대출이 불가능하여 신용대출을 활용했습니다. 결국 배당까지 성공적으로 마무리했습니다. 하지만 신용대출은 한도가 작고 여러 건을 처리하기 어렵다는 단점이 있습니다.

- **대부법인 설립 후 부실채권 매입**

    제가 NPL 대부법인을 만든 후, 다양한 방법으로 부실채권 매입을 위해 노력했습니다. 블로그나 지식인 등을 통해 경매와 관련한 법률적인 조언을 제공했습니다. 그러던 중 블로그를 통해 임의대위변제로 부실채권을 매입해달라는 요청이 있었습니다. 중년 여성분이 남편 명의와 자신의 부동산을 근저당권으로 부실채권을 매입해달라는 요청이었습니다.

해당 채무자의 부실채권의 금융기관은 새마을금고였습니다. 당시 새마을금고는 자본금 50억 이상인 NPL 대부법인만 계약이 가능했습니다. 그러나 임의대위변제를 통해 부실채권을 매입하게 되었고, 총 2건의 부실채권을 매입했습니다.

하나는 경기도 광명에 위치한 다가구주택, 다른 하나는 서울 금천구에 위치한 다세대주택이었습니다. 부실채권을 매입하는 기준은 경매가 낙찰되었을 때 매입한 부실채권이 손실이 나지 않는지의 여부입니다. 두 건 모두 법사가의 50% 이하 수준으로 안전한 물건으로 판단되어 임의대위변제로 매입했습니다.

【 을　　구 】	（소유권 이외의 권리에 관한 사항）			
순위번호	등 기 목 적	접　수	등 기 원 인	권리자 및 기타사항
1	근저당권설정	2013년5월21일 제18526호	2013년5월21일 설정계약	채권최고액　금559,000,000원 채무자 근저당권자　　　　새마을금고
1-1	1번근저당권이전	2020년7월30일 제39615호	2020년7월30일 확정채권대위변제	근저당권자　주식회사　　　　대부

경기도 광명시에 위치한 부실채권을 담보로 한 사례입니다. 채무자와 몇 번의 미팅을 통해 임의대위변제를 동의 받았고, 두 건의 임의대위변제를 진행했습니다. 해당 물건은 경기도 광명시에 위치한 다가구 주택으로, 법원 감정평가액은 1,498,365,700원이었습니다. 법원서류를 열람한 결과, 배당순위에서 근저당권보다 우선 배당되는 채권은 없었습니다. 채무자는 채권자들의 채무를 정리할 계획이 있었습니다.

필자와 채무자가 미팅을 가졌을 당시, 서울 경기권 뿐만 아니라 전국적으로 부동산 시장이 호황이었습니다. 낙찰가와 입찰자 수를 보더라도 높은 가격대에 낙찰되었고, 입찰자 수도 11명이 참여했습니다.

대위변제 신청서 및 동의서

소유자 및 채무자인 ███은 귀사 ███새마을금고로부터 차용한 경기도 광명시 ███████ 2013.05.21 등기접수번호 제 18526호 ███새마을금고의 근저당권 채권최고액 금 559,000,000원 해당 부동산의 대출금(원금 + 정상이자 + 연체이자 + 거지금금)에 관련된 대출금에 한하여 아래의 변제자가 소유자 및 채무자(동의자)를 대신하여 변제하고, 소유자 및 채무자(동의자)에 대한 본 채권 및 부동산에 설정된 근저당권을 귀사의 대위변제자에게 확정채권과 대위변제를 진행하는 것에 아무런 이의 없이 동의하오니, 대위변제자에게 대위변제증서 및 근저당권 이전등기 위임장과 채권서류 원본(여신거래약정서, 근저당권설정계약서, 등기필증, 대출당시 국세,지방세 완납증명서, 기타)을 교부하여 주시기 바라며 이에 따른 등기절차에 필요한 일체의 행위를 귀사가 협력하여 주시기 바랍니다.

향후, 확정채권 대위변제와 관련하여 귀사에 민.형사상 어떠한 이의도 제기하지 않겠습니다.
대위변제자는 구상권의 범위를 벗어난 별도의 추심행위 등이 없을것을 확약한다.

— 아 래 —

대위변제금액 : 금 사억삼천오백사십오만사천육백오십원정 (₩435,454,650)   (기준일:2020.7.30)

원금	
경매집행비용	
이자	
합계	

위 동의인(채무자 및 소유자)
　성명: ███
　주소: 경기도 광명시 ███

위 신청인(대위변제자)
　성명: 주식회사 ███
　주소: ███

███새마을금고 귀중

2020.07.24

대위변제 신청서 및 동의서

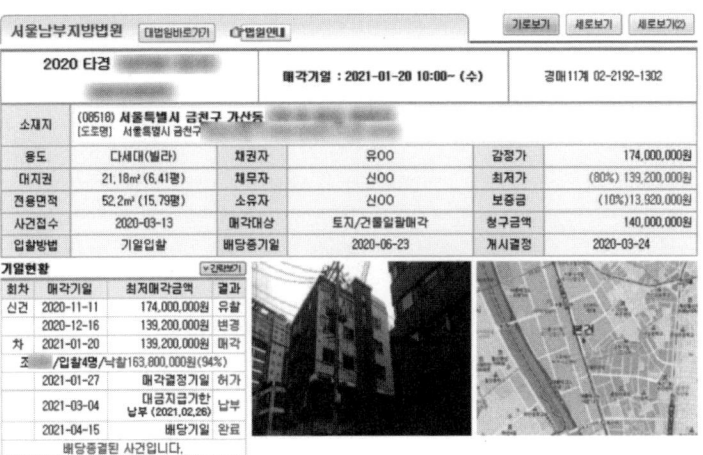

위 내용에서 보시는 것처럼 원금과 연체이자, 경매집행비용까지 모두 대위변제한 후 필자가 운영하는 NPL대부법인을 통해 근저당권의 이전이 완료되었습니다.

투자기간은 대위변제 신청서 및 동의서에 명시된 대로 2020년 7월 24일 신청했으며, 등기부등본 을구에 따르면 2020년 7월 30일에 질권대출을 통해 잔금을 지급했습니다. 이후 배당기일인 2022년 4월 12일까지 총 622일이 소요되었습니다. 대략적인 투자금액은 110,000,000원이었으며, 배당은 170,000,000원으로 순이익은 60,000,000원이 발생했습니다.

622일이라는 긴 기간이 소요된 이유는 원금과 채권최고액까지 130%의 수익구간을 달성하기 위해 경매기일을 변경하는 기법을 사용했기 때문입니다. 결과적으로, 필자는 이 투자에서 성공적인 수익을 거두었습니다.

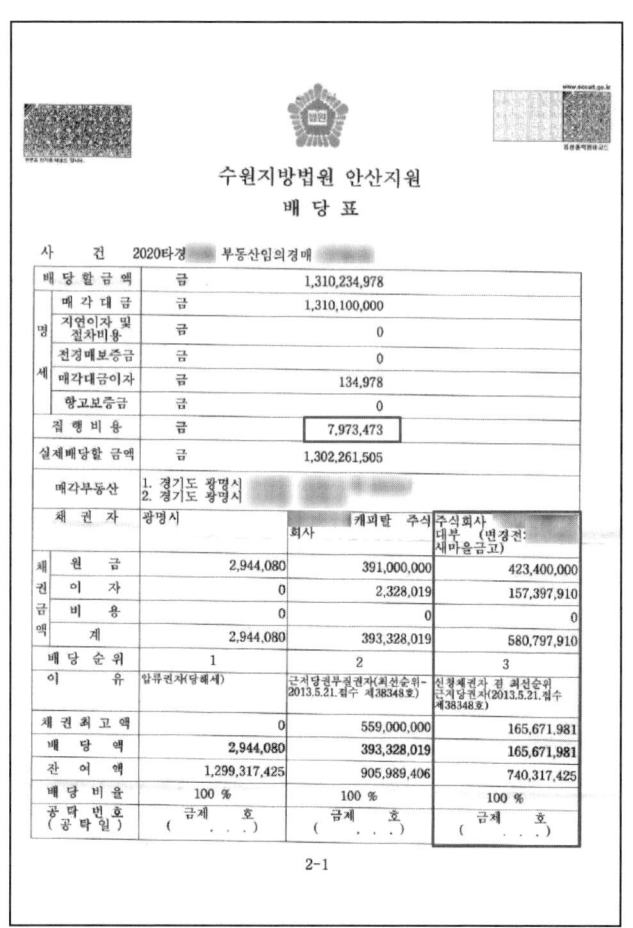

두 번째 임의대위변제 물건은 채무자가 보유한 다세대주택, 즉 우리가 흔히 아는 빌라였습니다. 당시 채무자는 다세대주택 한 동을 보유하고 있었고, 그 중 한 건이 경매에 나왔습니다. 이 건을 임의대위변제를 통해 부실채권 매입이 이루어졌습니다.

해당 물건도 동일한 금융기관에서 대위변제를 했으며, 법원 감정평가 금액은 174,000,000원이었습니다. 제3자의 경매 신청으로 경매가 진행되었으며, 금융기관은 제3자 경매가 무잉여로 끝날 경우 경매가 처음부터 시작될 가능성이 높아 중복 경매를 넣은 상태였습니다.

1순위 금융기관의 채권 원금이 93,000,000원이었기 때문에 저가 낙찰로 인한 손실이 없음을 확인하고 부실채권 매입을 결정했습니다. 두 번째 채권의 실투자금액은 17,000,000원이었으며, 배당은 33,000,000원을 받았습니다. 약 10개월 정도의 투자 기간 동안 16,000,000원의 순이익이 발생했습니다.

<투입비용>	
① 대위변제금액	95,968,930
② 질권대출금액(4.7%)	83,000,000
③ 이전비용(등록세,교육세포함,법무비용포함)	2,000,000
④ 질권이자비용	2,703,981
총 투입비용(①-②+③+④)	17,672,911

공용영수증

타행입금의뢰 확인증

고 객 명	(주) ○○○○대부	거래일시	2020-06-10 09:27:40
계 좌 번 호 :	○○○○○○○○	입 금 액 :	₩95,968,930
받으시는 분 :	○○새마을금고	입 금 내 역 :	대체
보내시는 분 :	(주)○○○대부	수 수 료 :	₩3,000
받 는 은 행 :	045-새마을금고	처 리 번 호 :	000655
보내시는분 계좌 :			

※ 위와 같이 영수(계산)합니다. 항상 저희 수협을 이용해 주셔서 감사합니다.
 - 뒷면의 타행입금거래 처리약관을 참조하시기 바랍니다.

공용영수증

대출 실행 계산서

고 객 명	(주) ○○○○대부	거래일시	2020-06-10 09:24:16
계좌번호	○○○○○○	실행번호 00001 다음이자납입일 2020-07-10
상 품 명	NPL채권담보대출([상호]기업운전일반자금대출)		
통화코드	KRW	대출금액	₩83,000,000
실행금액	₩83,000,000	이 율	4.700%
비 용	₩0	수입수수료	₩0
수입인지	₩0	선취이자	₩0
		차감지급액	₩83,000,000

※ 위와 같이 영수(계산)합니다. 항상 저희 수협을 이용해 주셔서 감사합니다.
 - 뒷면의 타행입금거래 처리약관을 참조하시기 바랍니다.

2. 1타2피, 한 채무자에게 두 건의 임의대위변제로 수익 낸 사례

서울남부지방법원 배당표

사 건	2020타경○○○○ 부동산임의경매 2020타경○○○○(중복) (경매11계)			
배당할 금액	금		163,819,441	
명세	매각대금	금	163,800,000	
	지연이자 및 절차비용	금	0	
	전경매보증금	금	0	
	매각대금이자	금	19,441	
	항고보증금	금	0	
집행비용	금		3,273,865	
실제배당할 금액	금		160,545,576	
매각부동산	1. 서울특별시 금천구 ○○○ ○○○ ○○ ○○○○			
채권자		김○○	○○○○수산업협동조합	새마을금고의 승계인 주식회사 ○○대부
채권금액	원 금	50,000,000	83,000,000	92,524,400
	이 자	0	0	22,915,632
	비 용	0	0	0
	계	50,000,000	83,000,000	115,440,032
배당순위		1	2	3
이 유		최우선소액임차보증금	근저당권부질권자 (2020.06.10.자)	근저당권자 (2012.04.20.자)
채권최고액		0	115,440,032	32,440,032
배 당 액		25,000,000	83,000,000	32,440,032
잔 여 액		135,545,576	52,545,576	20,105,544
배당비율		100 %	100 %	100 %
공탁번호 (공탁일)		금제 호 (. .)	금제 호 (. .)	금제 호 (. .)

2-1

이처럼 우량한 부실채권이라면 금융기관에서 매각하지 않는 경우가 많습니다. 금융기관이 부실채권을 매각하지 않는다면 임의대위변제나 법정대위변제를 통해 부실채권을 매입할 수 있습니다.

> **투자 고수의 꿀팁**
>
> ① 채권 최고액 설정에 따른 수익 변동
> - 채권 최고액이 원금의 110%, 120%, 130%로 설정될 경우, 설정액에 따라 수익이 변동됩니다.
> - 경매 기일을 변경하여 경매 기간을 연장하면 수익이 더 늘어날 수 있습니다.
>
> ② 금융기관과의 협상을 통한 채권 금액 할인
> - 부실채권을 협상하여 최대한 할인을 받아 수익을 극대화하는 것이 핵심입니다.

3. 론세일 연수익률 695% 달성할 수 있었던 사례

- 사례 소개

필자는 2019년에 NPL 대부법인을 설립하여 NPL 투자를 시작했습니다. 개인으로 NPL 투자를 하기에는 제한적인 부분이 많았기에 법인을 설립한 것입니다. 모든 것이 처음부터 잘되지는 않았지만, 접근 가능한 금융기관에 연락하고 임의대위변제를 할 수 있는 물건을 검색하여 첫 NPL 계약을 체결할 수 있었습니다.

첫 계약은 서툴렀지만 성과는 만루홈런을 친 것만큼 매우 좋았습니다. 위 물건은 부산광역시 금정구에 위치한 준신축 대단지 아파트로, 당시 시세는 법원 감정평가와 비슷한 수준이었습니다. 부실채권을 매입할 때 가장 먼저 고려해야 할 부분은 '경매 예상 낙찰 가격'입니다. 낙찰 가격을 알아야 매입한 부실채권의 실익을 판단할 수 있기 때문입니다. 아파트는 시세 대비 낙찰가율이 통상적으로 어느 정도 정해져 있다고 볼 수 있습니다. 그래서 경매 사건을 통해 물건을 처음 접했을 때 낙찰 가격을 예측했습니다. 1순위 근저당권의 채권 최고액은 434,400,000원이었으며, 이를 120%로 나누면 원금이 362,000,000원이라는 것을 알 수 있었습니다.

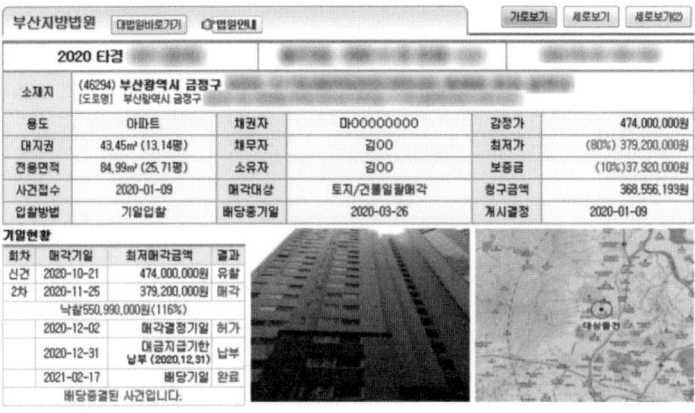

경매가 진행되면 경매에 신고된 서류를 통해 추후 근저당권보다 우선하여 배당채권이 있는지 먼저 확인했습니다. 신고된 것은 경매 비용 외에는 없었으며, 채무자 및 소유자가 직접 거주하고 있었기에 최우선변제에 해당하는 부분도 없었습니다.

채권을 매입하면서 초반에는 우여곡절이 많았습니다. 당시 양도인은 ○○수협이었는데, 부동산 상승기를 거치면서 부실채권 매각이 많이 없었고, 담당자가 채권 매각 업무에 익숙하지 않았습니다. 그래서 경매 개시 이후 바로 접촉을 했지만 실제 계약은 8월 말에 이루어졌습니다.

다른 대부법인들도 채권 매입을 위해 경쟁했을 텐데, ○○수협이 저희에게 매각을 약속해준 것은 큰 행운이었습니다. 1월에서 8월로 계약이 미뤄진 이유는 NPL 계약 시 채권양도통지를 해야 하기 때문입니다. '채권양도통지서'에는 양도인과 양수인의 주소와 이름, 양도금액, 채무 내용 등이 포함됩니다.

채무자가 채권양도통지를 받더라도 채무 관계의 의무가 사라지지 않습니다. ○○수협은 채무자에게 '채권양도통지서'를 송달했지만, 경매가 진행되면 채무자에게 송달이 잘되지 않습니다. 그래서 야간송달, 특별송달, 공시송달을 거쳤지만, 잘못된 곳에 '채권양도통지서'를 보내는 실수를 했습니다.

이후 잘못됨을 인지하고 다시 채무자에게 '채권양도통지서'를 전달하여 결국 8월 달에 론세일 계약이 이루어졌습니다. 8월 말에 근저당권부 질권대출을 통해 잔금을 양도인인 ○○수협에 납부한 뒤, 근저당권 이전을 완료했습니다.

채권양수도계약서

████ 수산업협동조합[소재지:경남 창원시 ████████ ████████████]
(이하 "양도인" 이라 한다) 와 ████████████ 대부[소재지:부산광역시 ████ █████
████████████](이하 "양수인" 이라 한다)는 다음과 같은 조건으로
채권양수도계약(이하 "본 건 계약" 이라 한다)을 체결한다.

제1조(용어의 정의)
① "양도대상채권" 이라 함은 "양도인" 이 채무자에 대하여 가지는 [별첨1]에 기재 된 채권의 원금과 그 이자 및 연체 이자를 말한다.
② "채무자" 라 함은 양도대상채권의 채무자인[별첨1]에 기재된 채무자를 말한다.
③ "담보권" 이라 함은 양도대상채권을 담보하기 위하여 상기 채무에 담보로 제공된 [별첨2]에 기재된 담보권을 말한다.
④ "양도대상채권 및 담보권 관련 서류" 라 함은 여신거래약정서, 근저당 설정계약서,대출원장, 기타 대출관계서류등 양도대상채권 및 담보권의 발생과 관련된 서류를 말한다.

제2조(채권의 양수도 절차)
① "양도인" 은 양도대상채권 및 담보권과 이에 부수하는 모든 권리, 권한, 이자와 이익을 "양수인" 에게 매도하고, 이전하고, 전달하며, "양수인" 은 "양수인" 이 양도대상채권 및 담보권과 관련된 모든 의무를 부담하며 양도대상채권 및 담보권의 모든 조건들을 따를 것을 동의한다.
② "양수인" 이 본 건 계약의 체결 후 양도대상채권 및 담보권의 양도에 대한 대금 (이하 "양도대금" 이라 한다) 전부를 "양도인" 에게 지급하는 경우에 "양도인" 은 지체 없이 양도대상채권 및 담보권의 양도 사실을 채무자에게 내용증명우편,기타 확정 일자 있는 증서에 의하여 통지한다.
③ "양수인" 이 양도대금을 전부 지급한 후 담보권의 양도에 갈음하여 담보권 해지를 요구하는 경우에, "양도인" 은 담보권 해지에 필요한 서류를 "양수인" 에게 교부한다. 이 경우에 담보권의 양도 또는 해지와 관련하여 발생되는 모든 책임은 "양수인" 이 부담한다.
④ "양수인" 이 "양도인" 에게 양도대금 전부를 여하한 유보 없이 상계 기타 이와 유사한 것에 의하지 아니하고 지급하고, "양도인" 이 "양수인" 에게 본 계약에 의한 의무를 이행하는 때에 본 건 계약에 기한 거래는 종결되는 것으로 한다.

제3조(양도대금, 대금지급기일의 연장)
① 양도대금은 총 금 삼억육천█████████████████████████████████ 으로 한다.
② "양수인" 은 "양도인" 에게 양도대금을 다음과 같이 일괄 지급한다.

지급일자	내역	금액
2020.08.07	계약금	36,█
2020.08.14	잔금	331,█
합계		367,█

단, 양수인의 경매요청으로 경매 전수 시 경매비용은 양도인이 부담한다.

채권양수도계약서에 따르면 잔금 납부 기한은 일주일이었습니다. 2월부터 질권대출 준비는 모두 끝난 상태였지만, 채무자의 '채권양도통지서' 송달 문제로 인해 잔금일이 6개월가량 늦어졌습니다. 그러나 이로 인해 계약 상황이 유리하게 전개되었습니다.

질권대출은 J캐피탈에서 받았으며, 매입금액 367,000,000원 중 356,000,000원을 대출받고, 필자의 대부법인을 통해 11,000,000원을 투입했습니다. 배당일까지 약 11,000,000원의 이자와 함께 모든 지출 비용을 계산해보니 이전비까지 총 25,000,000원이 발생했습니다.

아래는 실제 배당받은 내역입니다. 집행비용으로 5,638,936원, 신청채권자(근저당권자) 배당으로 75,926,441원, 그리고 근저당권의 채권최고액을 넘어서는 초과부분 배당으로 11,039,042원이 지급되었습니다. 이 세 가지 금액을 합산하면 총 92,604,419원의 배당이 이루어졌습니다.

부 산 지 방 법 원
배 당 표

사 건	2020타경 부동산임의경매		
배당할 금액	금	551,054,478	
명세	매각대금	금	550,990,000
	지연이자 및 절차비용	금	0
	전경매보증금	금	0
	매각대금이자	금	64,478
	항고보증금	금	0
집행비용	금	5,638,936	
실제배당할 금액	금	545,415,542	
매각부동산	1. 부산광역시 금정구		

채 권 자		주식회사 대부(변경전: 수산업협동조합)	금정세무서
채권금액	원 금	356,000,000	75,926,441	343,460
	이 자	2,473,559	0	0
	비 용	0	0	0
	계	358,473,559	75,926,441	343,460
배당순위		1	2	3
이 유		근저당권부질권자	신청채권자(근저당권)	교부권자(조세,법기)
채권최고액		434,400,000	75,926,441	0
배 당 액		358,473,559	75,926,441	343,460
잔 여 액		186,941,983	111,015,542	110,672,082
배당비율		100 %	100 %	100 %
공탁번호 (공탁일)		금제 호 (. .)	금제 호 (. .)	금제 호 (. .)

3-1

3. 론세일 연수익률 695% 달성할 수 있었던 사례

채권자			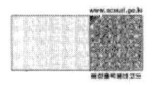
채권금액 원금	5,167,048	4,979,426	5,646,766
채권금액 이자	1,561,302	943,715	1,674,770
채권금액 비용	59,700	0	0
채권금액 계	6,788,050	5,923,141	7,321,536
배당순위	5	5	5
이유	배당요구권자(지급명령)	배당요구권자(지급명령)	배당요구권자(지급명령)
채권최고액	0	0	0
배당액	6,788,050	5,923,141	7,321,536
잔여액	27,637,657	21,714,516	14,392,980
배당비율	100 %	100 %	100 %
공탁번호 (공탁일)	금제 호 (. . .)	금제 호 (. . .)	금제 호 (. . .)
채권자	주식회사 대부(변경전 수산업협동조합)		
채권금액 원금	11,039,042	0	0
채권금액 이자	0	0	0
채권금액 비용	0	0	0
채권금액 계	11,039,042	0	0
배당순위	6	7	
이유	근저당권자(2017.3.10.자 근저당권 채권최고액 초과부분)	채무자겸소유자(잉여금)	
채권최고액	0	0	0
배당액	11,039,042	3,353,938	0
잔여액	3,353,938	0	0
배당비율	100 %	100 %	
공탁번호 (공탁일)	금제 호 (. . .)	금제 호 (. . .)	금제 호 (. . .)

2021. 2. 17.

사법보좌관

21년 2월 17일 배당일까지 188일의 투자 기간 동안 실제로 배당받은 금액은 92,000,000원이었습니다. 대략적으로 투자금 대비 358% 수익률이 나왔으며, 연수익률로 환산하면 695%의 수익률이 됩니다. 첫 투자였던 만큼 이 투자는 제게 기억에 남을 만한 경험이 되었습니다.

> **투자 고수의 꿀팁**
>
> ① NPL 채권양수도계약에서 잔금 연기의 영향
> - NPL 채권양수도계약에서 잔금을 미루게 되면 수익률에 큰 영향을 미칩니다.
> - 이는 질권대출 이자가 나가지 않게 되어 투입비가 줄어드는 효과를 발생시키며, 결과적으로 수익률이 더 올라가는 효과를 받을 수 있습니다.
>
> ② 부동산 투자와 대출 레버리지 활용
> - 부동산 투자에 있어서 대출 레버리지를 잘 활용하면 투자금이 적게 들어갑니다.
> - 이처럼 질권대출이 100% 가까이 나오게 되면 수익률이 올라가는 효과를 볼 수 있습니다.
> - 다른 대출과 달리 질권대출은 사용 기간이 예측 가능하기 때문에 대출을 많이 받더라도 충분히 고수익을 내는 데 도움이 됩니다.

4. 부실채권투자로 연수익률 319% 다가구 물건 매입한 사례

- 사례 소개

2020년 하반기부터 대구에서 임의대위변제를 위해 채무자와 접촉을 많이 하던 중, 대구○○신협에서 임의경매로 진행 중인 다가구주택을 발견했습니다. 당시 전국적으로 부동산 상승장이었기 때문에 부동산경매시장은 부실채권을 매입하는 데 어려움이 많았습니다. 부실채권은 보통 부동산 하락기에 많이 발생하기 때문입니다. 하지만 괜찮은 부실채권을 발견하여 바로 대구○○신협과 통화를 했습니다.

순위번호	등기목적	접수정보	주요등기사항	대상소유자
9	근저당권설정	2016년10월10일 제○○호	채권최고액 금494,000,000원 근저당권자 대구○○신용협동조합	
9-1	근저당권이전	2021년2월19일 제○○호	근저당권자 주식회사 ○○대부	
9-2	질권	2021년2월19일 제○○호	채권액 금494,000,000원 채권자 ○○수산업협동조합	

다가구주택을 매입할 때는 주의할 점이 있습니다. 세입자가 많기 때문에 근저당 이후에 전입된 세입자라도 최우선변제 조건이 되면 최우선변제금을 받을 수 있습니다. 따라서 배당요구종기 이후에 세입자의 보증금이 최우선변제금에 해당하는지 체크해야 합니다.

대구○○신협에서 제공된 배당요구종기 이후 배당신고된 내역들을 체크하며 최우선변제금을 확인했습니다. 필자가 예상한 낙찰금액에 대비하여 채권보전의 문제도 점검했습니다. 해당 물건의 법원 감정가는 895,198,050원이었으며, 예상 낙찰가는 보수적으로 6억 중반으로 예상했습니다. 당시 다가구주택도 많은 투자자들의 입찰 대상이었기 때문에 낮은 가격에는 낙찰되지 않을 것이라고 판단했습니다.

부실채권 매입 전 경매 열람과 대출 서류 등을 검토한 후 매입의향서를 제출했습니다. 채권양수도계약 약 한 달 뒤 잔금기일로 했습니다. 다행히도 부실채권의 매입가격의 90%는 근저당권부질권대출을 통해 잔금을 납부했습니다.

위의 등기부등본은 요약된 내용입니다. 원인에는 '확정채권 양도'이라고 표기됩니다. 위 표에서 보시는 것처럼 9번 근저당권의 이전과 함께 질권이 수산업협동조합 이름으로 설정이 됩니다.

부실채권 매입 후 배당까지 투입된 비용을 정리해보면, 채권양수도계약에 따라 매입금액과 근저당권부질권대출의 차액이 투입되었고, 추가적으로 근저당권 이전 비용과 근저당권부질권대출의 이자 내용이 투입비에 포함되었습니다.

총 투자된 금액은 약 65,000,000원으로, 배당은 130,110,336원 이루어졌습니다. 투입된 금액을 포함해 200%의 수익률이 발생했으며, 약 7개월 동안 약 65,000,000원 투자로 약 65,000,000원의 순이익이 발생했습니다. 이를 연수익률로 환산하면 319%의 높은 수익률이 됩니다. 이게 바로 NPL 투자의 매력이라고 할 수 있습니다.

항목		금액
투입비	① 계약금액	397,300,000
	① 법인투입비 (계약금액-질권대출금액)	52,300,000
	② 질권대출금액	345,000,000
	② 대출금리	4.8%
	② 일수	229
	② 질권이자	10,389,699
	③ 근저당이전비용	2,337,100
①+②+③ = 합계		65,026,799

대구지방법원
배당표

사건	2020타경◼◼◼◼ 부동산강제경매 2021타경◼◼◼◼◼◼ (경매3계)		
배당할 금액	금	722,300,663	
명 세	매각대금	금	722,220,000
	지연이자 및 절차비용	금	0
	전경매보증금	금	0
	매각대금이자	금	80,663
	항고보증금	금	0
집행비용	금	5,758,482	
실제배당할 금액	금	716,542,181	
매각부동산	1. 대구광역시 ◼◼◼◼◼◼◼◼◼ 2. 대구광역시 ◼◼◼◼◼◼◼◼◼		

채권자	◼◼◼	◼◼◼	◼◼◼
채권금액 원금	20,000,000	20,000,000	17,000,000
이자	0	0	0
비용	0	0	0
계	20,000,000	20,000,000	17,000,000
배당순위	1	1	1
이유	최우선소액임차인	최우선소액임차인	최우선소액임차인
채권최고액	0	0	0
배당액	20,000,000	20,000,000	17,000,000
잔여액	696,542,181	676,542,181	659,542,181
배당비율	100 %	100 %	100 %
공탁번호 (공탁일)	금제 호 (. .)	금제 호 (. .)	금제 호 (. .)

3-1

5장 고수가 풀어주는 NPL 실전 사례

채권자	대구광역시북구	수산업협동조합	주식회사 대부 (신용협동 조합의 승계인)
채권금액 원금	1,387,480	345,000,000	130,110,336
이자	0	0	0
비용	0	0	0
계	1,387,480	345,000,000	130,110,336
배당순위	2	3	3
이유	당해세	근저당권부질권자	신청채권자(근저당권자)
채권최고액	0	0	494,000,000
배당액	1,387,480	345,000,000	130,110,336
잔여액	658,154,701	313,154,701	183,044,365
배당비율	100 %	100 %	100 %
공탁번호 (공탁일)	금제 호 (. . .)	금제 호 (. . .)	금제 호 (. . .)
채권자			국민건강보험공단대구북 부지사
채권금액 원금	8,000,000	120,000,000	3,151,060
이자	0	0	0
비용	0	0	0
계	8,000,000	120,000,000	3,151,060
배당순위	4	5	6
이유	확정일자부임차인	전세권자	공과금
채권최고액	0	120,000,000	0
배당액	8,000,000	96,703,628	1,785,293
잔여액	175,044,365	78,340,737	76,555,444
배당비율	100 %	80.59 %	56.66 %
공탁번호 (공탁일)	금제 호 (. . .)	금제 호 (. . .)	금제 호 (. . .)

4. 부실채권투자로 연수익률 319% 다가구 물건 매입한 사례

투자 고수의 꿀팁

① 부실채권 매입 시 주의사항

- 부실채권을 매입할 때는 배당요구종기 이후에 매입하는 것이 중요합니다.
- 이렇게 해야 불확실성이 확신으로 바뀌며, 투자 리스크를 줄일 수 있습니다.
- 배당요구종기 이후에는 채권자들의 배당 요구가 마감되기 때문에, 배당순위를 명확히 파악할 수 있습니다.

② 경매 종료 후 배당순위 체크

- 경매가 종료된 후에는 배당순위를 반드시 체크해야 합니다.
- 매입하려는 부실채권보다 우선배당되는 선순위 채권이 있는지 확인하는 것이 중요합니다.
- 선순위 채권이 있을 경우, 배당금이 먼저 지급되기 때문에 후순위 채권자는 배당을 못 받을 수도 있으므로, 배당순위를 정확히 파악하는 것은 필수입니다.

③ NPL 투자의 흐름

- 담당자컨택: 먼저 해당 부실채권을 담당하는 담당자와 연락을 취합니다.
- 경매사건 열람: 경매사건을 열람하여 경매 절차와 관련된 모든 정보를 수집합니다.
- 근저당권부 질권대출 체크: 근저당권부 질권대출 상황을 체크하여 대출 조건과 금액을 확인합니다.
- 매입의향서 제출: 매입의향서를 제출하여 해당 부실채권을 매입하고자 하는 의사를 공식적으로 밝힙니다.
- 채권양수도계약 체결: 채권양수도계약을 체결하여 법적으로 채권을 인수합니다.
- 경매배당: 경매가 완료된 후 배당금을 수령합니다.

5. 1000% 달성한 NPL 실전 투자사례

- **사례 소개**

2024년도는 금융기관에서 NPL이 많이 발생되었던 시기였습니다. 상호금융기관에서는 아파트의 대출보다는 대부분 다가구주택, 다세대주택, 오피스텔 비아파트의 대출이 많이 있었습니다. 부동산 상승기가 끝이 나고 하락기가 되면서 이러한 비아파트 부동산에서 전세사기피해자가 많이 발생이 되던 시기였습니다.

우선 금융기관에서 부동산임의경매가 진행이 되면 보통 1년에서 길면 1년 6개월사이에 경매가 끝이 나지만 경매가 진행이 되던 도중에 세입자들이 전세사기피해자로 인정이 되면 진행이 되던 경매는 유예신청이 가능합니다. 이러한 부분 때문에 경매기간이 길어지면 NPL투자를 하는 입장에서는 수익률이 낮아지게 되며 투자기간 또한 길어지게 됩니다. 그러한 부분들이 금융기관에서도 충분히 알고 있기 때문에 NPL가격을 협상할 때 할인을 요구하게 됩니다.

이번 사례는 금융기관에서 전세사기라는 이슈를 활용해서 원금할인을 통해서 수익률을 최대한 높였으며 다행히 채무자는 배당기일까지 임차인들에게 변제의사가 있어 경매유예신청은 있지 않았습니다.

매입하는 부동산의 물건종별은 경기도에 위치한 다가구주택이었습니다. 다가구주택은 부동산투자자들 사이에서는 꼬마빌딩처럼 여겨져 건물의 소유와 현금흐름을 만들 수 있는 두가지 충족요건을 가지는 부동산입니다.

그렇지만 부동산의 위치와 건물의 상태에 따라서 낙찰가율은 달라지게 됩니다. 이번 사례의 부동산은 경기도에서도 서울에서는 거리가 다소 있는 편으로 토지가격은 저렴하였지만 감정평가금액 대부분 건물에 감정이 되어있었습니다.

그래서 다소 매입가격을 산정하기에는 예측이 힘들었습니다. NPL채권 매입에 있어서 첫 번째도 그렇고 두번째도 그렇고 최대한 보수적으로 채권매입이 이뤄져야 합니다. 보수적인 입장으로 채권매입이 되지 않을 시에는 방어입찰이 필요할 수가 있고 아니라면 원금손실로 이어질 수 있습니다.

이자제한법으로 인해서 원금할인 되지 않는다면 충족할만한 수익률이 나오지 않기에 원금할인을 필수적으로 해야만 했습니다. 이때 당시 감정가는 1,720,651,880원입니다. 그렇지만 신건에서 1회유찰이 될 때마다 감정가에서 30%차감이 됩니다. 2회차부터는 원금손실의 리스크가 있기 때문에 원금할인은 필요했습니다.

해당건물은 준공이후 2년이 되지 않았으며 신축이라고 봐도 무방할 다가구주택이었습니다. 준공이후 임차인들이 전입이 되고 얼마 후 경매가 시작이 되었던 것입니다.

당시 건축비상승으로 인해서 토지가격과 건물신축시 해당 건물의 낙찰가를 예상했고 주변에 비슷한 거래사례와 매물등록을 통해서 낙찰가를 분석했습니다. 매입가를 산정을 했고 경쟁입찰을 통해서 최고가 채권매입금액을 제시를 하여 채권양수도계약을 했습니다.

단, 경쟁입찰을 하면 채권매입금액이 높아질 가능성이 있습니다. 그래서 조건을 하나 붙여서 채권계약이후 잔금일을 미루었습니다.

그 결과 채권양수도계약 후 매각기일 지정이 되었습니다. 신건은 유찰이 되었으며 2회차에는 낙찰이 될 것 같았습니다. 왜냐하면 앞에서 이야기했듯이 해당지역은 1회유찰이후 감정가격에서 30%차감이 되기 때문에 낙찰을 확신했습니다. 여기서 중요한 것은 채권양수도계약 이후 계약금만 입금이 된 상태였으며 잔금은 치르지 않은 상태였다는 것입니다. 그리고 2회차 매각기일 하루전에 잔금을 치르고 근저당이전완료를 하였습니다.

주요 등기사항 요약 (참고용)

[주 의 사 항]
본 주요 등기사항 요약은 증명서상에 말소되지 않은 사항을 간략히 요약한 것으로 증명서로서의 기능을 제공하지 않습니다.
실제 권리사항 파악을 위해서는 발급된 증명서를 꼭 확인하시기 바랍니다.

[건물] 경기도

1. 소유지분현황 (갑구)

등기명의인	(주민)등록번호	최종지분	주 소	순위번호
	721213-*******	단독소유	경기도	1

2. 소유지분을 제외한 소유권에 관한 사항 (갑구)

순위번호	등기목적	접수정보	주요등기사항	대상소유자
4	소유권이전청구권가등기		가등기권자 정택이	
5	임의경매개시결정		채권자 수산업협동조합	

3. (근)저당권 및 전세권 등 (을구)

순위번호	등기목적	접수정보	주요등기사항	대상소유자
1	근저당권설정		채권최고액 금1,596,000,000원 근저당권자 수산업협동조합	
1-1	근저당권이전		근저당권자 주식회사 대부	
1-2	근질권		채권최고액 금1,596,000,000원 채권자 제이비우리캐피탈주식회사	
2	임차권설정		임차보증금 금90,000,000원 임차권자 최수민	
3	임차권설정		임차보증금 금110,000,000원 임차권자 윤찬희	
4	임차권설정		임차보증금 금80,000,000원 임차권자 이윤호	
5	임차권설정		임차보증금 금80,000,000원 임차권자 안효덕	
6	임차권설정		임차보증금 금80,000,000원 임차권자 박성현	

근저당이전 다음날인 매각기일날 낙찰이 되었습니다. 예상과는 다르게 높은 금액으로 낙찰이 되었으며 입찰이 17명이 들어왔고 저의 예측과 다르게 높게 낙찰이 되어서 채권회수에는 아무런 문제가 없게 되었습니다.

그럼 정리를 한번 해보겠습니다. 배당기일까지 원리금, 연체이자, 가지급금까지 약 14억 배당을 받을 수 있었습니다. 저희는 질권대출을 제외하고 약 4억정도 배당이 이뤄졌습니다. 14억에서 4억을 빼면 약10억이 질권대출 금액입니다. 질권대출을 10억이면 대략적으로 얼마에 계약이 이뤄졌는지 예측이 가능할 것입니다.

①	계약금액	1,100,000,000
②	질권대출금액	990,000,000
③	질권대출이외	110,000,000
④	질권이자	26,603,507
⑤	근저당이전비용	7,000,000
⑥	합계금액	143,603,507

위 표의 ⑥ 합계금액은 투자를 하기 위해 직접적으로 필요한 자금이 정리된 것입니다. 약 143,000,000원이 투자되어

서 400,000,000원을 배당받으니 257,000,000원 순이익이 발생이 되었습니다.

100일만에 자기자본대비(ROE) 280%의 수익률이 나오며 연 수익률로는 1022%가 나옵니다. 이번 물건 또한 원금할인을 통해서 손실리스크는 최소화로 하고 수익률을 최대로 할 수 있는 NPL 배당투자의 매력인 것 같습니다.

투자 고수의 꿀팁

① 금융기관에서 NPL채권 매입 시 원금할인을 할 수 있는 조건을 알아 두어야 합니다.

② 매입가격산정은 최대한 보수적으로 하며 낙찰가격이 높게 낙찰이 된다는 것은 보너스라고 생각해야 합니다. 이렇게 해야 불확실성이 확신으로 바뀌며, 투자 리스크를 줄일 수 있습니다.

③ 경쟁입찰에서 매입가 산정이 높게 된다면 내가 더 높은 금액을 쓰더라도 다른 부분에서 수익적으로 더 이익을 얻을 수 있는 부분을 요구하도록 합니다.
- 예를 들자면 채권양수도계약 이후 잔금을 최대한 미룬 다음 잔금납부를 하게 되면 질권대출이자를 절감을 할 수 있습니다.

부록

1. 채권양수도 계약서

채 권 양 수 도 계 약 서

○○신용협동조합(소재지 : 서울특별시 서초구 방배로1234) (이하 "양도인"이라 한다)와 (주)△△에이엠씨대부(이하 "양수인"이라 한다)는 다음과 같은 조건으로 채권양수도계약(이하 "본 건 계약"이라 한다)을 체결한다.

제1조 (용어의 정의)
① "양도대상채권"이라 함은 "양도인"이 채무자에 대하여 가지는 [별지1]에 기재된 채권의 원금과 그 이자 및 연체 이자를 말한다.
② "채무자"라 함은 양도대상채권의 채무자인 [별지1]에 기재된 채무자를 말한다.
③ "담보권"이라 함은 양도대상채권을 담보하기 위하여 상기 채무에 담보로 제공된 [별지2]에 기재된 담보권을 말한다.
④ "양도대상채권 및 담보권 관련 서류"라 함은 여신거래약정서, 근저당권설정계약서, 대출원장, 기타 대출관계서류 등 양도대상채권 및 담보권의 발생과 관련된 서류를 말한다.

제2조 (채권의 양수도 절차)
① "양도인"은 양도대상채권 및 담보권과 이에 부수하는 모든 권리, 권한, 이자와 이익을 "양수인"에게 매도하고, 이전하고, 전달하며, "양수인"은 이를 "양도인"으로부터 매수하고, 취득하고, 인수한다. 또한, "양수인"은 "양수인"이 양도대상채권 및 담보권과 관련된 모든 의무를 부담하며 양도대상채권 및 담보권의 모든 조건들을 따를 것을 동의한다.
② "양수인"이 본 건 계약의 체결 후 양도대상채권 및 담보권의 양도에 대한 대금(이하 "양도대금"이라 한다) 전부를 "양도인"에게 지급하는 경우에 "양도인"은 지체 없이 양도대상채권 및 담보권 관련 서류의 원본을 "양수인"에게 교부하며, 양도대상채권 및 담보권의 양도 사실을 채무자에게 지체 없이 내용증명우편, 기타 확정일자 있는 증서에 의하여 통지한다.
③ "양수인"이 양도대금을 전부 지급한 후 담보권의 양도에 갈음하여 담보권 해지를 요구하는 경우에, "양도인"은 담보권 해지에 필요한 서류를 "양수인"에게 교부한다. 이 경우에 담보권의 양도 또는 해지와 관련하여 발생되는 모든 책임은 "양수인"이 부담한다.
④ "양수인"이 "양도인"에게 양도대금 전부를 여하한 유보 없이 상게 기타 이와 유사한 것에 의하지 아니하고 지급하고, "양도인"이 "양수인"에게 본 계약에 의한 의무를 이행하는 때에 본 건 계약에 기한 거래는 종결되는 것으로 한다.

제3조 (양도대금, 대금지급기일의 연장)
① 양도대금은 총 금 ___1,000,000,000___ 원으로 한다.
② "양수인"은 "양도인"에게 양도대금을 다음과 같이 일괄 지급한다.

지급일자	내역	금액
2024.06.	계약금	100,000,000
2024.6.28	잔금	900,000,000
합 계		1,000,000,000

③ "양수인"은 양도대금을 "양도인"이 지정하는 계좌(신협 000-00-000000)에 현금으로 입금하거나 "양도인"이 별도로 지정하는 방식으로 지급한다.

제4조 ("양수인" 의무)
① "양수인"은 [별지1]의 매입채권에 대하여 「신용정보의 이용 및 보호에 관한 법률」에 따라 채무자의 신용정보 정확성과 최신성이 유지될 수 있도록 등록·변경·관리하여야 하며, 신용정보의 종류·이용·목적·제공대상 및 신용정보주체의 권리 등 채무자의 신용정보 보호와 관련된 의무와 책임을 진다.
② "양수인"은 매입채권에 대한 추심에 있어 「채권의 공정한 추심에 관한 법률」, 「신용정보의 이용 및 보호에 관한 법률」, 「채권추심 가이드라인」등의 규정을 준수하여야 한다.
③ "양수인"은 본 건 계약이 체결된 이후 붙임1의 매입채권에 대하여 3개월 동안 재매각할 수 없다.
④ "양수인"은 제3항의 기간이 지난 후 재매각 시 다음 각 호의 기관에 매각하여야 하며, 반드시 매각기관에 대한 실사를 실시하여야 한다. 재매각 기관에 대한 실사 방안은 신협의 「채권매각 가이드라인」에 따라 "양수인"이 마련하여 실시한다.
  1. 「대부업등의 등록 및 금융이용자보호에 관한 법률」제3조 제2항 제2호에 따라 등록한 대부업자(대부채권매입추심을 업으로 하려는 자로써 금융위원회에 등록한 자)
  2. 여신금융기관
  3. 「예금자보호법」에 따른 예금보험공사 및 정리금융회사
  4. 「금융회사부실자산 등의 효율적 처리 및 한국자산관리공사의 설립에 관한 법률」에 따른 한국자산관리공사
  5. 「한국주택금융공사법」에 따른 한국주택금융공사
⑤ "양수인"은 채권양수도계약 관련 실사를 수임하는데 있어 "양도인"에게 적극적으로 협조하여야 한다.

제5조 (환매)
① "양도인"은 다음 각 호의 경우와 같이 채무자와 분쟁 중에 있거나 분쟁 소지가 있는 채권을 사전에 확인하여 매각대상에서 제한하여야 한다.
  1. 판결 등에 따라 권원이 인정되지 않은 민사채권
  2. 소멸시효가 완성된 채권
  3. 채무자가 사망한 채권(단, 상속절차 완료 등 분쟁 소지가 없는 채권은 제외)
  4. 채권의 존부 등에 대한 다툼으로 인해 소송 중인 채권
  5. 기타 채권·채무관계가 불명확한 채권(예 : 원인서류 부존재, 명의 도용 및 사기대출에 의한 채권, 조정절차 진행 중 채권 등)
② "양도인"은 본 건 계약 이후 붙임1의 채권이 제1항 각호에 해당하였던 것으로 확인되는 경우 리스크 관리를 위하여 환매 등의 조치를 취하여야 한다.

제6조 (불법추심행위 금지)
"양수인"은 [별지1] 매입채권에 대하여 추심하는 경우 「채권의 공정한 추심에 관한 법률」, 「신용정보의 이용 및 보호에 관한 법률」, 「채권추심 가이드라인」에서 정하는 불법추심행위가 발생하지 않도록 주의를 해야 하며, 불법추심행위 적발 시 향후 매각계약에 부정적인 영향을 미칠 수 있음에 각별히 유의하여야 한다.

제7조 (승인 및 권리포기)
① "양수인"은 자신이 직접 채무자, 양도대상채권, 담보권, 양도대상채권 및 담보권 관련 서류에 대하여 실사를 한 후 본 계약을 체결한다.
② 본 계약조항과 상치되는 여하한 것에도 불구하고, "양도인"은 채무자의 재무상태 및 변제자력 또는 양도대상채권 및 담보권과 관련된 조건, 양도가능성, 집행가능성, 완전함, 대항요건, 양도대상채권 및 담보권 관련 문서의 정확성 및 그 양도가능성을 포함하여 양도대상채권에 대한 여하한 진술 및 보장도 하지 아니한다.
③ "양수인"은 "양도인"이 현재의 형식과 생태대로 양도대상채권 및 담보권을 양도함을 확인한다.
④ "양도인"은 양도대상채권 및 담보권의 양도와 관련하여 어떠한 보증 또는 담보 책임을 지지 아니한다.

제8조 (계약의 해제, 손해배상의 예정)
① 본 계약조항과 상치되는 여하한 것에도 불구하고, "양수인"이 제3조 제2항 또는 제3항에서 정한 양도대금 지급기일에 양도대금의 전부 또는 일부의 지급을 5영업일 이상 지체하는 경우에 "양도인"은 "양수인"에 대한 별도의 통지 없이 본 건 계약을 해지할 수 있다.

② 제1항의 사유로 본 건 계약이 해제되는 경우에는 "양도인"은 "양수인"으로 지급 받은 모든 금액(계약금 포함)을 약정 배상금으로 몰취하고, 그 지급받은 금액을 "양수인"에게 반환할 의무를 부담하지 아니하며, 추가로 손해가 발생하는 경우에는 그 배상을 구할 수 있다.
③ "양도인"이 본 건 계약을 중대하게 위반함으로써 본 건 계약이 해제되는 경우에 "양도인"은 본 건 계약에 의하여 "양수인"으로부터 지급받은 금액을 "양수인"에게 반환하여야 한다.

제9조 (연체 이자)
"양수인"이 제3조 제2항 또는 제3항에서 정한 양도대금 지급기일까지 "양도인"에게 양도 대금을 지급하지 아니하는 경우에 "양도인"이 제8조 제1항에 의하여 본 건 계약을 해제하지 아니하는 때에는 "양수인"은 "양도인"에게 지급할 금액에 대하여 연 (4.6)%의 이율에 의하여 제3조의 양도대금 지급기일로부터 실제 지급일까지 계산한 연체이자를 가산하여 "양도인"에게 지급한다. 다만 "양도인"의 사정으로 인하여 지급기일이 지연되는 경우 연체이자를 적용하지 아니한다.

제10조 (비용의 부담)
각 당사자는 본 건 계약의 협상을 위하여 지출한 변호사보수 기타 일체의 비용을 각자 부담한다. 그 외에 "양수인"은 양도대상채권 및 담보권의 실사에 소요된 변호사보수 기타 일체의 비용과 양도대상채권 및 담보권을 "양도인"으로부터 이전받는 것과 관련한 모든 비용 일체를 부담하며, 어떠한 경우에도 "양수인"은 "양도인"에 대하여 그 비용의 부담 또는 상환을 청구하지 못한다.

제11조 (민원사항의 처리)
본 건 계약 이후 "양수인"의 추심행위와 관련하여 발생하는 모든 민원은 "양수인"이 처리하는 것을 원칙으로 한다. 다만, "양수인" 스스로 처리하기 부적합하다고 인정하는 경우 "양도인"과 협의하여 조치할 수 있다.

제12조 (관할 법원)
본 건 계약과 관련하여 발생하는 모든 분쟁에 관하여 분쟁의 당사자가 되는 "양도인"의 본점소재지를 관할하는 법원이 전속적 1심 재판 관할권을 가진다.

제13조 (기타)
① "양수인"은 "양도인"이 매입기관 실사 관련 일반정보 또는 관련 자료의 제출을 요청할 경우 적극 협조한다.

② 본 건 계약 내용의 해석에 당사자들 간 이견이 있거나 본 계약에 명시되지 아니한 사항에 관하여는 "양도인"과 "양수인" 간 상호 협의하여 처리한다.

(특약사항)
본 계약은 "양도인"의 내부절차에서 승인되는 것을 조건으로 한다. "양도인"은 계약금 수령 후 내부절차에서 본 건 채권매각이 승인되지 아니하는 경우 "양수인"에게 위약금 없이 계약금을 즉시 반환하며, 이에 대해 "양수인"은 다른 의견을 제시하지 아니한다.

붙 임 : 1. 매각대상채권 명세표   1부
       2. 매각대상채권 담보물명세표 1부
       3. 법인인감증명서   1부
       4. 법인등기부등본   1부
       5. 사업자등록증 사본   1부

2024. 6. .

("양도인")
○○신용협동조합
서울특별시 서초구 방배로 1234
이사장 ○○○ (인)

("양수인")
(주)△△에이엠씨대부
경기도 수원시 영통구 영통로 1111
대표이사 김철수 (인)

2. 매각대상채권 명세표

[별지1] 매각대상채권 명세표

채무자	대출일자	원금	이자	제반비용 (수수료 등)	변제기	소멸시효 완성여부	연체 일자	채권자 변동정보	매각 금액
합계									

3. 매각대상채권 담보물명세표

[별지2] 매각대상채권 담보물명세표

채무자	담보물 소재지	종류	수량	근저당권내용
합계	건			

4. 금융감독원 등록 대부법인 설립절차

대부업 법인을 설립하기 위해서는 여러 복잡한 절차와 준비가 필요합니다. 이 절차는 대부업의 특성상 금융 규제와 법적 요건을 충족해야 하며, 따라서 철저한 준비가 필수적입니다.

1) 대부업 교육

대부업 법인 설립의 첫 단계는 대부업협회에서 제공하는 교육을 받는 것입니다. 이 교육은 온라인과 오프라인으로 진행되며, 대부업에 대한 기본적인 이해와 법적 규제, 운영 방안 등을 배우게 됩니다. 교육은 1일 8시간 동안 진행되며, 온라인 교육은 대부업, 대부중개업, 대부채권매입추심업에 따라 교육비가 다릅니다. 오프라인 교육비용은 약 10만 원이며, 정확한 비용은 대부업협회 확인이 필요합니다.

2) 법인 설립

대부업 법인을 설립하려면 최소 자본금 5억 원을 준비해야 합니다. 법인 형태는 주식회사 또는 유한회사가 적합하며, 이에 따른 사업자 등록이 필요합니다. 법인 설립을 위해서는 정관 및 각종 서류를 준비해야 하며 법무사를 통해 진행할 수 있습니다. 기존 법인을 이용할 경우, 자본 증자 및 정관 변경을 통해 금융위원회에 등록해야 합니다. 또한 금융위원회 등록 여부를 반드시 확인해야 합니다.

3) 보증보험 가입 또는 예탁금 준비

대부업 법인을 운영하려면 서울보증보험에 가입하거나 5천만원을 예탁해야 합니다. 보증보험 가입 시 보통 약 98만원의 비용이 소요됩니다. 대부업 운영 중 발생할 수 있는 리스크를 대비하기 위한 조치입니다.

4) 금융위원회 등록 신청

대부업 법인 설립의 마지막 단계는 금융위원회에 등록 신청을 하는 것입니다. 등록 절차는 약 8개월 이상 소요되며, 이 기간 동안 금융위원회의 심사를 받게 됩니다. 등록 신청 시 선택할 수 있는 업무 영역은 대부업, 대부중개업, 채권추심업 등이 있습니다. 등록 비용은 약 10만 원입니다.

TIP

1. 상호의 제한 (대부업법 제5조의2 제1항)

   • **대부업자**
   - 상호에 반드시 "대부"라는 문자를 포함해야 합니다. 예를 들어, "ABC대부"와 같이 명시해야 합니다.

   • **대부중개업자**
   - 상호에 "대부중개"라는 문자를 포함해야 합니다. 예를 들어, "XYZ대부중개"와 같이 명시해야 합니다.

   • **광고 시 유의사항**
   - "대부" 또는 "대부중개"라는 문자를 사용하지 않은 대부업자 등은 광고나 영업행위 시 상호와 함께 "대부" 또는 "대부중개"라는 글자를 쉽게 알아볼 수 있도록 명시해야 합니다.

2. 고정사업장의 조건

   • **사용권 확보**
   - 소유, 임차 등의 방법으로 6개월 이상의 사용권을 확보해야 합니다.

- **건축물 기준**
- 건축법에 따른 단독주택, 공동주택, 숙박시설은 고정사업장으로 사용할 수 없습니다.

- **구분 등기**
- 고정사업장은 건축물대장에서 구분되어 있어야 합니다. 구분 등기가 되어 있지 않은 경우, 해당 사업장이 벽으로 구분되고 외부로 통하는 별도의 출입문이 있어야 합니다.

3. 겸업 금지

- **금지 업종**
- 전기통신사업, 사행산업, 단란주점 및 유흥주점, 다단계판매업 등의 업종과의 겸업은 금지됩니다.

- **대부업과 온라인대출정보연계대부업 간 겸업 금지**
- 대부업(금전대부업, 대부 채권 매입 추심업, 대부중개업 등)과 온라인대출정보연계대부업(P2P연계대부업)은 겸업이 금지됩니다.
- 온라인대출정보연계대부업은 2020년 8월 27일부터 온라인투자연계금융업법의 적용을 받습니다.

에필로그

에필로그

처음 이 책을 집필하기로 마음먹었을 때, 저는 단순히 NPL(부실채권)에 대한 지식을 나누고자 했습니다. 그러나 책을 쓰는 과정에서 저는 단순한 정보 전달을 넘어, 독자 여러분과 함께 NPL의 세계를 탐구하고, 그 안에서 새로운 기회를 발견하는 여정에 동참하고 있다는 느낌을 받았습니다. 이 책이 여러분의 투자 여정에 작은 이정표가 되기를 진심으로 바랍니다.

NPL은 많은 이들에게 아직도 낯설고 복잡하게 느껴질 수 있는 투자 분야입니다. 저 역시 처음 NPL을 접했을 때, 그 복잡한 용어와 개념들에 당황했던 기억이 있습니다. 하지만 시간이 지나면서, NPL은 단순한 투자 도구가 아니라, 그 자체로 흥미롭고 도전적인 분야임을 깨닫게 되었습니다. NPL은 단순히 부실 채권을 사고파는 것이 아니라, 그 안에 숨겨진 기회를 발견하고, 이를 통해 가치를 창출하는 과정입니다.

책을 쓰면서, 저는 NPL에 관한 다양한 오해와 편견을 바로잡고, 이를 통해 보다 많은 사람들이 NPL에 대해 올바르게 이해할 수 있도록 노력했습니다. NPL은 분명히 리스크가 존재하는 투자입니다. 하지만 그 리스크를 제대로 이해하고 관리한다면, 그만큼 큰 수익을 얻을 수 있는 기회도 많습니다. 이 책이 여러분에게 NPL의 리스크와 기회를 균형 있게 이해할 수 있는 데 도움이 되기를 바랍니다.

NPL 투자에서 가장 중요한 것은 '지식'과 '경험'입니다. 이 책을 통해 기본적인 지식을 쌓았다면, 이제는 실제 경험을 통해 더 많은 것을 배우실 차례입니다. 책에서 다룬 다양한 사례와 전략들을 바탕으로, 여러분만의 투자 스타일을 찾아가시길 바랍니다. NPL 투자에서 성공하기 위해서는 끊임없는 학습과 노력, 그리고 무엇보다도 인내가 필요합니다.

이 책을 마무리하며, 저는 여러분이 NPL 투자에서 성공하기를 진심으로 응원합니다. NPL은 분명히 도전적인 분야이지만, 그 도전 속에서 얻는 보람과 성취감은 그 무엇과도 비교할 수 없습니다. 여러분이 이 책을 통해 NPL의 세계를 더 깊이 이해하고, 그 안에서 새로운 기회를 발견하며, 성공적인 투자를 이어가시기를 바랍니다.

마지막으로, 이 책을 읽어주신 모든 분들께 진심으로 감사드립니다. 여러분의 성원과 관심이 저에게 큰 힘이 되었습니다. 앞으로도 NPL 투자에 대한 더 많은 지식과 경험을 나누며, 여러분과 함께 성장해 나가기를 기대합니다.

사랑하는 내 딸 주원이에게도 이 자리를 빌려 고마움을 전하고 싶습니다. 너의 웃음이 나에게 큰 힘이 되었고, 더 나은 미래를 만들어야겠다는 다짐의 이유가 되어주었단다. 너의 존재가 내 인생의 전환점이 되었듯, 이 책이 누군가에겐 새로운 시작이 되기를 바라며, 사랑하는 내 딸에게, 그리고 모든 꿈을 품고 걸어가는 이들에게, 이 책을 바칩니다.

감사합니다.

당신의 인생이 바뀌는
NPL 투자의 기술

지 은 이 : 변현수
발 행 일 : 2025년 09월 25일
I S B N : 979-11-89850-92-0
E - m a i l : bjm8056@naver.com

편　　　집 : 도서출판 안북스(꽃피는청춘)
T　E　L : 02-957-7780
인　　　쇄 : 인쇄와디자인

이 책의 저작권은 저자에게 있으며,
무단 전재와 복제를 금합니다.
© 2025 변현수